# La nouvelle question sociale

*Pierre Rosanvallon*

# La nouvelle question sociale

## Repenser l'État-providence

*Éditions du Seuil*

ISBN 978-2-7578-5439-6
(ISBN 978-2-02-022030-9, 1re publication)

INTRODUCTION

# La nouvelle question sociale

La « question sociale » : cette expression, lancée à la fin du XIXe siècle, renvoyait aux dysfonctionnements de la société industrielle naissante. Les dividendes de la croissance et les acquis des luttes sociales avaient ensuite permis de transformer en profondeur la condition du prolétaire de l'époque. Le développement de l'État-providence était presque parvenu à vaincre la vieille insécurité sociale et à éliminer la peur du lendemain. A l'issue des « Trente Glorieuses », vers la fin des années 1970, l'utopie d'une société libérée du besoin et d'un individu protégé des principaux risques de l'existence paraissait à portée de main. Depuis le début des années 1980, la croissance du chômage et l'apparition de nouvelles formes de pauvreté ont au contraire semblé nous ramener loin en arrière. Mais on voit bien en même temps qu'il ne s'agit pas d'un simple retour aux problèmes du passé. Les phénomènes actuels d'exclusion ne renvoient pas aux catégories anciennes de l'exploitation. Une nouvelle question sociale a ainsi fait son apparition. C'est à en explorer les formes et les conditions de résolution que ce livre est consacré.

L'avènement d'une nouvelle question sociale se traduit par une inadaptation des anciennes méthodes de gestion du social. En témoigne le fait que la crise de l'État-providence, diagnostiquée dès la fin des années 1970, a changé de nature. Elle est entrée dans une phase nouvelle depuis le début des années 1990. Au-delà des lancinants problèmes de financement et des dysfonctionnements toujours pesants des appareils, ce sont les principes organisateurs de la solidarité et la conception même des droits sociaux qui se trouvent remis en cause. Le problème est maintenant d'ordre philosophique.

Pour bien comprendre ce nouveau cours des choses, on peut distinguer trois dimensions qui constituent aussi trois étapes dans l'ébranlement de l'État-providence. Les deux premières sont d'ordre financier et idéologique. J'en ai analysé les ressorts dans un précédent ouvrage, *La Crise de l'État-providence*[1]. La crise financière a été déclenchée dans les années 1970. A partir de cette période, en effet, les dépenses sociales, et notamment les dépenses de santé, ont continué à croître aux rythmes antérieurs de 7 à 8 % par an, alors que les recettes n'augmentaient plus que de 1 à 3 %, indexées qu'elles étaient sur une croissance ralentie depuis 1974. Cette ouverture des ciseaux entre les recettes et les dépenses a partout été financée par une hausse rapide des prélèvements obligatoires (impôts + cotisations sociales). Alors qu'ils avaient été pratiquement stables pendant les Trente Glorieuses, ils étaient par exemple passés en France de 35 % à 45 % du PIB entre 1975 et 1985. La crise idéologique marque surtout les années 1980. Elle traduit la suspicion dans laquelle l'État-entrepreneur est alors tenu pour gérer efficacement les problèmes sociaux. Elle correspond à la remise en cause d'une machinerie de plus en plus opaque et de plus en plus bureaucratique, qui brouille la perception des finalités et entraîne une crise de légitimité.

Ces deux dimensions subsistent aujourd'hui. La maîtrise des dépenses de santé et des diverses prestations sociales demeure toujours un sujet fondamental de préoccupations. La montée du chômage n'a d'ailleurs fait qu'aggraver les difficultés financières. Si l'explosion des prélèvements obligatoires a fini

1. La première édition est parue en 1981. Nouvelle édition dans la collection « Points Essais », Paris, Éd. du Seuil, 1992.

par être enrayée depuis le milieu des années 1980, ce n'est qu'au prix de la réduction de certaines prestations ou de réformes fragiles, souvent décidées à la hâte, au coup par coup. De la même façon, les interrogations sur l'efficacité de l'appareil redistributif et sur les formes d'organisation et de gestion de l'État-providence restent essentielles. Ces deux problèmes ne se posent d'ailleurs pas avec la même acuité dans les différents pays. Si l'on prend en compte la maîtrise des dépenses de santé, on constate par exemple des résultats très contrastés. Le poids de la santé dans le PIB a ainsi progressé de 16 % en France entre 1980 et 1990 contre seulement 7 % en Grande-Bretagne, la situation restant stable aux Pays-Bas et les Allemands réussissant même à opérer une baisse de 4 %. On sent là le poids des idiosyncrasies nationales. Les contrôles financiers d'un service de santé centralisé et étatique à l'anglaise ou d'un système fortement encadré par une régulation contractuelle à l'allemande se sont révélés plus efficaces que la formule française, qui veut l'universalité sans la contrainte. Les dépenses de santé sont du même coup particulièrement mal maîtrisées en France. Mais ces différences ne doivent pas masquer le fait réellement important de la période actuelle : une troisième crise de l'État-providence, d'ordre philosophique, est en train de s'ouvrir.

Nous n'avons pas encore clairement pris conscience de l'entrée dans cette crise philosophique qui accompagne l'avènement d'une nouvelle question sociale. Il s'agit d'en explorer les termes pour comprendre le nouveau paysage social qu'elle dessine en creux. Deux problèmes majeurs apparaissent : la désagrégation des principes organisateurs de la solidarité et l'échec de la conception traditionnelle des droits sociaux à offrir un cadre satisfaisant pour penser la situation des exclus. Il ne s'agit plus seulement, comme il y a dix ans, de trouver la voie d'une relégitimation de l'État. Devant les fractures sociales qui se sont aggravées dans les années 1980, l'intervention publique a en effet retrouvé toute sa justification. L'idéologie de l'État ultraminimal est passée de mode. Tout le monde reconnaît désormais le rôle incontournable de l'État-providence pour maintenir la cohésion sociale. L'important est maintenant de le repenser de sorte qu'il puisse continuer à jouer positivement son rôle. La refondation intellectuelle et morale de l'État-providence est devenue la condition de sa survie. Le but de cet essai est d'y contribuer en avançant les premiers éléments d'une reproblématisation d'ensemble de la question sociale.

Les anciens mécanismes producteurs de solidarité sont, d'abord, en train de se désagréger de façon probablement irréversible. Ils reposaient sur le système des assurances sociales : la solidarité était fondée sur la mutualisation croissante des risques sociaux, de telle sorte que l'État-providence s'identifiait à une espèce de *société assurancielle*. Or nous assistons aujourd'hui à une séparation progressive des deux univers de l'assurance sociale et de la solidarité. Les évolutions démographiques, la dissociation croissante entre la sphère des cotisants et celle des ayants droit, la connaissance accrue des différences entre les individus et les groupes se conjuguent pour ébranler la vision assurancielle de la solidarité. Ces évolutions conduisent en revanche à rendre nécessaire une approche plus directement politique de la solidarité. Le face-à-face du contrat social devra ainsi se substituer à la main invisible de l'assurance. Ce qui ne va pas de soi.

La conception traditionnelle des droits sociaux s'avère de son côté inopérante pour traiter le problème majeur de l'exclusion. L'État-providence traditionnel fonctionne en effet comme une machine à indemniser. C'est un « État-providence compensateur », qui repose sur le principe de la dissociation entre l'économique et le social. Les droits sociaux sont simplement des droits de tirage. Dans un contexte de chômage de masse et de croissance de l'exclusion, cette vision des droits comme droits compensateurs d'un dysfonctionnement passager (maladie, chômage de courte durée, etc.) devient inadaptée. Conçue pour traiter des situations appréhendées comme des risques conjoncturels, elle ne convient plus pour gérer des états hélas plus stables. D'où les effets pervers de ce que je propose d'appeler l'*État passif-providence.* Il donne d'abord économiquement naissance à une spirale d'autodestruction de la solidarité : pour indemniser l'exclusion du marché de l'emploi d'une large partie de la population, il accroît de plus en plus les prélèvements sur le travail, ce qui entraîne en retour une réduction du volume de ce dernier. Il se satisfait ensuite socialement de la coupure entre indemnisation et insertion. L'exploration des formes que pourrait prendre un « État actif-providence » va au contraire de pair avec la recherche d'un enrichissement de la notion de droit social, pour trouver la voie de ce que pourrait être un nouveau droit à l'insertion. Au-delà des procédures standardisées traditionnelles, il faut par ailleurs également que l'État-providence puisse personnaliser ses moyens, pour s'adapter à la spécificité des situations : en matière de chômage de longue durée et d'exclusion, il n'y a en effet que des situations particulières.

Ces deux problèmes majeurs se posent actuellement de façon presque identique dans les pays industriels, même si c'est chaque fois avec une tonalité spécifique. Le déclin de la société assurancielle fait par exemple plus sentir ses effets en Allemagne et en France qu'aux États-Unis. Le débat sur les droits n'est pas de même nature là où existe, comme en France (avec le RMI) ou aux Pays-Bas, un revenu social minimum. Mais la crise philosophique de l'État-providence présente dans tous les cas des traits communs. Elle marque partout une inflexion décisive dans la perception du social qui a prévalu pendant près d'un siècle. Au-delà des difficultés financières et gestionnaires, elle correspond en effet en profondeur à l'entrée dans un nouveau moment de la modernité. La crise philosophique conduit à reprendre à la racine la question des droits telle qu'elle a été formulée dès le XVIIe siècle par l'individualisme libéral, invitant à un dépassement des vieilles oppositions entre droits formels et droits réels, droits sociaux et droits politiques ; elle force à reconsidérer les expressions usuelles du contrat social, à reformuler la définition du juste et de l'équitable, à réinventer les formes de la solidarité.

Nous entrons dans un nouvel âge du social. Mais nous entrons en même temps dans un nouvel âge du politique. La refondation de la solidarité et la redéfinition des droits impliquent en effet une meilleure articulation entre la pratique de la démocratie, c'est-à-dire l'invention des règles du vivre ensemble et la délibération sur la justice, et la gestion du social ; elles invitent aussi à penser autrement l'idée même de réforme. Approfondissement de la démocratie et progrès social devront dorénavant nécessairement aller de pair.

PREMIÈRE PARTIE

# Refonder la solidarité

CHAPITRE I

# LE DÉCLIN DE LA SOCIÉTÉ ASSURANCIELLE

Les formes de la solidarité

La société assurancielle

La crise d'un modèle

L'inné et l'acquis

Les redistributions cachées

Les effets de la révolution démographique

Le déclin du paritarisme

L'État-providence s'est historiquement développé sur la base d'un système assuranciel dans lequel les garanties sociales ont été liées à la mise en place d'assurances obligatoires couvrant les principaux « risques » de l'existence (maladie, chômage, retraite, invalidité, etc.). Pour bien prendre la mesure de la rupture qui s'opère aujourd'hui avec l'épuisement de ce système, il faut préalablement rappeler l'extraordinaire importance, tant pratique que philosophique, de la technique assurancielle dans la construction de la société moderne et dans la mise en place des dispositifs de production de la solidarité.

## Les formes de la solidarité

L'histoire intellectuelle de l'assurance s'inscrit dans le droit fil de l'interrogation moderne sur les formes de la solidarité. Dans les sociétés traditionnelles, le principe de la cohésion sociale est inscrit dans la structure même de la société. Les hiérarchies et les distinctions, comme les équivalences, relient les hommes entre eux de manière organique. Le lien social est perçu comme *naturel*, qu'il s'agisse de la famille, du rapport de voisinage ou de la hiérarchie sociale dans son ensemble. En cherchant à s'émanciper de la nature, la société moderne se pense dans des termes complètement différents. Elle doit chercher la voie d'un nouveau type de rapports entre les hommes. C'est dans ce contexte, on le sait, que les théoriciens du droit naturel élaborent à partir du XVII^e siècle la doctrine du contrat, dans laquelle le lien social résulte d'une institution volontaire et artificielle. C'est dans cette perspective aussi que le marché, identifié à une sorte de nature réfléchie, est érigé en concurrent du contrat pour fonder le lien social. Tout cela a suffisamment été analysé et développé pour qu'il ne soit pas nécessaire de s'y arrêter. Mais ce qui a été trop peu souligné par contre, c'est la place de l'idée d'assurance dans cette recherche des instruments et des institutions destinés à libérer l'homme des chaînes de la nature. « La prévoyance est la seconde providence du genre humain », dira Mirabeau en démarquant de façon significative la formule appliquée par Adam Smith aux bienfaits de la division du travail.

Dès la fin du XVII^e, Leibniz se fait le défenseur de l'assurance comme instrument de justice. A l'État « réducteur d'incertitude » dont Hobbes est le théoricien, il oppose l'assurance mutuelle obligatoire comme solution au problème du risque[1]. L'assurance est dans cette perspective un substitut au contrat social : elle produit les mêmes effets d'agglomération et de protection. La technique assurancielle était certes apparue bien plus tôt, mais elle n'avait été utilisée que pour les biens et les marchandises, dans le transport maritime tout particulièrement. C'est seulement à partir du XVIII^e que l'on songe à l'appliquer aux personnes. On dispose ainsi à cette époque de trois

1. Cf. son *Essay de quelques raisonnements nouveaux sur la nature humaine* (1678), cité par Gaston Grua, *La Justice humaine selon Leibniz*, Paris, PUF, 1956, p. 336-341. Le mécanisme de l'assurance mutuelle obligatoire permet pour Leibniz de réduire la distance entre l'État social idéal (qui serait gouverné par la justice distributive) et le strict État de droit (fondé sur la justice commutative).

modèles pour penser le lien social : le contrat (résultant du face-à-face politique) ; le marché (opérant comme une main invisible pour relier économiquement les hommes) ; l'assurance (agissant comme une sorte de main invisible de la solidarité).

Un proche de Brissot et de Condorcet, Clavière, présente en 1788 un projet très élaboré qu'il expose dans un *Prospectus de l'établissement des assurances sur la vie*, véritable manifeste programmatique de la société assurancielle. « Les assurances sur la vie, explique-t-il dans ce texte, viennent au secours du sentiment précieux qui attache un individu à d'autres individus qui doivent lui survivre. Elles préparent une sûreté contre l'infortune, sans nuire ni à l'industrie, ni à l'activité[1]. » Pour lui, l'assurance rapproche les hommes, elle instaure au fond un quasi-contrat social. D'où sa conception d'un établissement « autorisé, protégé et surveillé par le gouvernement ». Clavière va d'ailleurs jusqu'au bout de cette vision en estimant que la technique assurancielle permet d'appréhender sous un jour radicalement neuf la question de l'indigence : elle prévient l'enchaînement des malheurs en permettant de maîtriser la précarité qui les alimente. « Au succès de son établissement, note-t-il ainsi de sa compagnie, se lie nécessairement la diminution de la mendicité. C'est principalement sous ce point de vue qu'il devient intéressant pour toutes les personnes qui voient dans cette calamité la plus triste des maladies de la civilisation. On abonde en projets pour la guérir ; mais aucun n'a encore présenté de solution satisfaisante. Les ressources que fournit la doctrine des assurances sur la vie se présentent jusqu'ici comme le plus sûr moyen de diminuer ce fléau et de le prévenir pour la suite[2]. »

1. Étienne Clavière, *Prospectus de l'établissement des assurances sur la vie*, reproduit dans le n° 1 de la revue *Risques*, juin 1990, p. 128.
2. *Ibid.*, p. 134-135.

A la même époque, un autre pionnier, Piarron de Chamousset, publie le *Plan d'une maison d'association* fondée sur un système d'assurance maladie[1], dans laquelle les souscripteurs auraient trouvé l'ensemble des secours opportuns en cas de maladie. Chose neuve pour l'époque, c'est uniquement la cotisation qui est créatrice d'obligations : le mécanisme qui est instauré ne s'inscrit dans aucun des dispositifs traditionnels de solidarité (les secours étant par exemple liés à une condition d'appartenance corporative).

Ces vues novatrices, formulées au soir de l'Ancien Régime, resteront pourtant marginales. Le principe de l'assurance appliquée aux personnes et non plus aux biens fait en effet encore peur. On craint qu'il ne mine le sentiment de responsabilité et qu'il n'entraîne des comportements immoraux et des calculs pervers. Cette réticence durera presque un siècle. On opposera ainsi longtemps la prévoyance qui responsabilise les individus en les obligeant à songer à leur avenir, à l'assurance suspectée de favoriser l'insouciance. Il faudra attendre la fin du XIXe siècle pour que la technique assurancielle soit reconnue comme une réponse adéquate à la gestion des problèmes sociaux et moralement acceptable.

Plusieurs raisons expliquent ce tournant. On s'aperçoit tout d'abord que l'appel au sentiment de responsabilité individuelle ne suffit pas à écarter le spectre de la misère. L'idée de prévoyance sur laquelle on se fondait dans la première moitié du XIXe siècle pour surmonter les aléas de l'existence n'apparaît donc plus suffisante. L'opposition entre assurance et prévoyance reste certes longtemps vivace. On le voit bien au

1. Son *Plan d'une maison d'association, dans laquelle, au moyen d'une somme très modique, chaque associé s'assurera dans l'état de maladie toutes les sortes de secours qu'on peut désirer* est publié en 1754. Piarron de Chamousset deviendra intendant général des hôpitaux des armées du roi. Il publiera en 1770 un *Mémoire sur les compagnies d'assurances pour la santé*.

début du XX^e^ siècle dans le grand débat sur les retraites obligatoires. C'est le moment d'une dernière résistance des libéraux. Un économiste comme Paul Leroy-Beaulieu s'insurge ainsi dans *L'Économiste français* contre le projet d'assurances obligatoires pour la retraite en notant : « Il affaiblit la responsabilité humaine et il détourne des professions comportant l'initiative et l'indépendance. Il fait partie de tout ce système d'automatisme social qu'il prétend substituer à la responsabilité individuelle[1]. » Mais c'est un combat d'arrière-garde.

## La société assurancielle

L'introduction de l'assurance dans la gestion du social s'impose progressivement parce qu'elle permet de sortir des apories liées à une vision purement individualiste de la société. Le grand problème depuis la Révolution était en effet d'accorder le *principe de solidarité* (la société a une dette envers ses membres) avec le *principe de responsabilité* (chaque individu est maître de son existence et doit se prendre en charge). Il s'agissait en quelque sorte d'articuler un droit avec un comportement. Cela n'allait pas de soi. La limitation du droit aux secours publics par le principe de la responsabilité individuelle présupposait en effet d'abord que la sphère d'application de celle-ci pût être clairement identifiée dans la vie sociale. Or c'est tout le contraire qui s'est passé : l'évolution économique industrielle a en effet progressivement manifesté les limites d'un système de régulation sociale régi par les seuls principes de la responsabilité individuelle et du contrat. Il est devenu de plus en plus difficile de discerner dans le champ de la respon-

1. *L'Économiste français*, 9 juillet 1904.

sabilité ce qui pouvait être imputé à l'individu et ce qui relevait d'autres facteurs. François Ewald l'a bien montré en analysant la question des accidents du travail[1] : la complexification des processus de production a entraîné au XIXe siècle une inadaptation des catégories juridiques mises en place par le Code civil de 1804. Il n'était en effet pas possible, dans de nombreux cas, d'identifier une faute localisée entraînant la responsabilité directe d'un individu pour déterminer à qui devait incomber la réparation d'un dommage. Lorsque l'on célébrera en 1904 le centenaire du Code civil, les juristes feront ainsi une longue liste de tous les domaines et de tous les objets qui ne pouvaient plus être adéquatement traités dans son cadre.

Dans l'ordre proprement économique, la rémanence du paupérisme a joué un rôle identique de perturbation dans la vision philosophique révolutionnaire-libérale. Les hommes de 1789 avaient considéré le droit à l'assistance comme un *droit limite*, en ce double sens qu'ils estimaient à la fois qu'il était à la limite de ce qui pouvait être garanti par une règle automatique et qu'il était de portée limitée, n'ayant qu'un caractère résiduel, presque temporaire. Les progrès de la civilisation, fondée sur le développement de la division du travail et une extension de la propriété, devaient en effet à leurs yeux confirmer ce caractère ; ils n'étaient pas loin de considérer en outre l'oisiveté comme un vice encouragé par le despotisme, donc également promis à un certain recul.

Les faits montrent au contraire au XIXe siècle que ce droit limite s'inscrit dans une sphère d'application en extension. La distinction de l'individu victime d'une infortune (le bon indigent) et de l'oisif imprévoyant ou calculateur se révèle d'abord de plus en plus difficile à opérer, le critère de responsabilité devenant d'un maniement souvent hasardeux. Les problèmes,

1. Cf. sur ce point les analyses de François Ewald, *L'État-providence*, Paris, Grasset, 1986.

*a priori* circonscrits, d'assistance tendent en permanence à se dissoudre dans le cadre plus vaste de la politique globale de l'État. Ce facteur, lié au constat de la croissance du paupérisme, est probablement le plus important. Alors que les constituants et les conventionnels avaient considéré la question de l'assistance comme un problème philosophiquement central mais économiquement marginal, les hommes de 1830 et d'après doivent faire face à un développement du paupérisme qui s'identifie avec le mouvement même de l'industrialisation. Traiter le paupérisme dans l'optique révolutionnaire de l'indigence conduit alors à un bouleversement complet de perspective. Cela revient en effet à poser la question de la propriété et du droit au travail dans des termes inédits.

La législation révolutionnaire en matière de secours publics présupposait qu'il n'y avait que deux catégories d'adultes concernées : les invalides qui ne pouvaient travailler et les valides qui ne trouvaient pas de travail. Ils n'imaginaient pas un seul instant qu'un homme ayant du travail pût avoir un niveau de revenu si bas qu'on puisse presque le considérer comme un indigent. C'est pourtant ce phénomène, reproduit à grande échelle, que l'on découvre au XIXe siècle. Si l'indigent était un individu, le paupérisme est un fait social massif, dominant dans la classe ouvrière : il figure l'avènement d'un nouveau type d'état social collectif, le prolétariat. État social qui ne peut être traité par de simples secours : il tend à remettre en cause les fondements mêmes de l'organisation de la société, menaçant de briser l'ancienne cohérence entre le droit de propriété et le droit à l'assistance. D'où la perplexité des libéraux du XIXe siècle. Perplexité de « classe » si l'on veut, mais perplexité également philosophique.

L'application de l'assurance aux problèmes sociaux permettait de sortir de ces difficultés. En passant de la notion subjective de comportement et de responsabilité individuelle à la notion objective de risque, l'assurance invitait à regarder le social de façon différente. Elle permettait de dépasser les contradictions antérieures sur l'application des droits sociaux. L'approche en termes de risque renvoie, en effet, d'abord à une dimension probabiliste et statistique du social (le risque est calculable) qui permet de reléguer au second plan le jugement sur les individus. Lorsque les situations sont appréhendées en termes de risque, la question des fautes personnelles et des attitudes individuelles devient secondaire. C'est ce qu'a bien marqué la loi de 1898 sur l'indemnisation des accidents du travail. L'approche en termes de risque offre ensuite l'avantage de pouvoir considérer sous un mode unifié nombre de problèmes différents : la maladie, la vieillesse, le chômage, les accidents de toute nature sont ramenés à une même catégorie. Elle permet enfin de poser dans des termes nouveaux l'exercice de la justice. A l'idée classique d'une justice comprise comme conformité à la nature ou à une norme éthique ou politique, elle oppose l'idée d'une justice purement contractuelle (le régime d'indemnisation). L'assurance sociale n'est pas comme l'assistance un secours consenti, elle représente l'exécution d'un contrat dans lequel l'État et les citoyens sont également impliqués. La prestation est un dû, pas une libéralité. D'où l'enthousiasme dont font preuve les avocats du principe assuranciel dans la seconde moitié du XIXe siècle.

Dès 1865, Émile Laurent, le grand théoricien du mutualisme, s'exprime en termes lyriques sur le sujet. « Le chômage lui-même, et les progrès de l'industrie, et les industries abandonnées ou ruinées, la misère enfin combattue sous toutes ses faces, qui sait où pourra ne pas aller un jour le génie de l'association et de l'assurance, s'exclame-t-il. L'assurance ! nous l'avons placée, plus haut, au rang qui lui revient dans l'ordre des remèdes sociaux [...] Incendies et intempéries, épizooties et grêles, sinistre maritimes et débordements de fleuves, tous les fléaux du monde physique peuvent être amortis par l'assurance ; et les crises industrielles aussi, et l'être humain lui-même considéré comme un véritable capital productif par l'usage de ses facultés et destiné à disparaître un jour par un événement sinistre indépendant de sa volonté : la mort. L'assurance peut pénétrer partout ; partout en se fondant sur la loi des grands nombres, elle peut faire fructifier l'épargne, arriver à ce que les chances de réussite l'emportent de beaucoup sur les chances d'insuccès et de perte, introduire l'ordre dans le désordre, supprimer le hasard, régulariser enfin l'incertitude, sinon la faire disparaître[1]. » C'était reconnaître que nombre de tâches de réduction de l'incertitude, jadis envisagées du point de vue de l'État comme État protecteur, pouvaient désormais être opérées de façon presque technique par des mécanismes assuranciels.

Une voie nouvelle était désormais ouverte pour appréhender les politiques sociales, sans plus avoir aucunement besoin de recourir à une problématique de nature juridique ou morale pour les fonder. Les libéraux finirent pour cette raison par comprendre que la mise en place d'un système d'assurances sociales leur permettrait de conjurer le spectre du socialisme[2].

1. Émile Laurent, *Le Paupérisme et les Associations de prévoyance*, 2e éd., Paris, 1865, t. I, p. 89-90. On peut aussi citer le juriste Albert Chaufton, une des grandes figures de la mutualité française à la fin du XIXe siècle, lorsqu'il résume le développement de l'assurance. « L'homme, écrit-il, a d'abord pensé à assurer ses navires contre les risques de la navigation maritime. Puis il assure ses maisons, sa récolte, ses biens de toutes sortes contre les risques d'incendie. Puis l'idée de capital, par conséquent d'intérêt assurable, se dégageant peu à peu des notions confuses qui l'obscurcissaient, l'homme comprit que lui-même était un capital que la mort pouvait prématurément détruire, qu'il renfermait donc en lui-même un intérêt assurable : il imagina l'assurance sur la vie, c'est-à-dire l'assurance contre la destruction prématurée du capital humain. Il comprit ensuite que si le capital humain peut être détruit, il peut aussi être condamné au chômage par la maladie, par les infirmités, par la vieillesse et il imagina l'assurance contre les accidents ou les maladies et l'assurance de rentes. L'assurance contre la destruction prématurée et le chômage du capital humain est la véritable assurance populaire » (*Les Assurances, leur passé, leur présent, leur avenir*, Paris, 1884, p. 228).

2. S'ils craignaient que de telles assurances conduisent à négliger la prévoyance individuelle, les libéraux se rendaient aussi compte que, dans un

De leur côté, les socialistes firent de cette mise en place une première étape de réalisation de ce même socialisme, comme Benoît Malon l'a bien exprimé dans son ouvrage programmatique *Le Socialisme intégral*, dans lequel il prône la création d'un *ministère de l'Assurance sociale*[1].

Dès lors qu'elle est universalisée (par l'obligation), l'assurance devient véritablement sociale. Elle joue alors le rôle d'une sorte de *transformateur moral et social*. L'assurance sociale fonctionne comme une main invisible produisant de la sécurité et de la solidarité sans qu'intervienne la bonne volonté des hommes. Par construction, l'assurance concerne des populations : en faisant de chacun la partie d'un tout, elle rend ainsi les individus interdépendants. François Ewald résume bien les choses : « L'assurance permet à chacun de bénéficier des avantages du tout en le laissant libre d'exister comme individu. Elle semble réconcilier ces deux termes antagonistes que sont société et liberté individuelle[2]. » L'assurance est bien dans ce cas une institution du contrat social. C'est pourquoi l'État et la technologie assurancielle auront partie liée dès le milieu du XIXe siècle, incarnant deux figures complémentaires de réduction de l'incertitude. Dans les années 1850, Émile de Girardin définit significativement l'État comme un « assureur universel[3] » : il devient pour cette raison, selon ses propres termes,

---

système gouverné par la responsabilité individuelle, les imprévoyants finiraient par être à la charge de l'État. Les assurances sociales pouvaient dans ce cas contribuer à réduire les dépenses d'assistance de la collectivité. Ce dilemme avait été au cœur des discussions sur l'instauration des retraites ouvrières. Cf. Irène Bourquin, *« Vie ouvrière » und Sozialpolitik : Die Einführung der « Retraites ouvrières » in Frankreich um 1910*, Berne, Peter Lang, 1977.

1. Benoît Malon, *Le Socialisme intégral*, t. II *Des réformes possibles et des moyens pratiques*, Paris, 1891, p. 162-168.

2. François Ewald, *L'État-providence*, *op. cit.*, p. 177. Cf. aussi, du même auteur, un excellent article, « La société assurancielle », *Risques*, n° 1, juin 1990.

3. Cf. son article « L'État », *Le Bien-être universel*, n° 4, mars 1851, p. 4. Le thème est repris et développé dans son ouvrage *La Politique universelle*,

la « Providence terrestre[1] ». Un tel projet est certes alors encore loin d'être rentré dans les faits. Il faudra attendre pour cela la mise en place de la Sécurité sociale en 1945. Mais du moins était-il dès cette époque clairement formulé.

## La crise d'un modèle

C'est ce *paradigme assuranciel*, substrat indissociablement technique et philosophique de l'État-providence, qui est actuellement en train de s'épuiser. La force de l'idée originelle de Sécurité sociale, telle qu'elle avait été formulée et mise en œuvre en France, tenait à sa dimension synthétique : elle permettait d'envisager de façon cohérente un éventail très large de problèmes sociaux en les ramenant à la catégorie homogène du risque. La maladie, le chômage pouvaient être également traités comme des accidents. Même la vieillesse, dans une certaine mesure, était comprise comme un risque, dès lors qu'elle était appréhendée à partir de la perte de revenu qu'elle occasionnait.

Cette catégorie unificatrice du risque a beaucoup perdu de sa pertinence. Les distinctions simples entre malades ou invalides et bien portants, travailleurs et chômeurs, actifs et retraités, présupposaient en effet que tous les individus couraient des risques de même nature. Le principe implicite de justice et de solidarité qui sous-tendait l'État-providence reposait sur l'idée

*décrets de l'avenir*, Paris, 1854 (le livre I est intitulé : *L'Assurance universelle*). Le concept d'assurance permettait à Girardin d'analyser de façon homogène les tâches extérieures de l'État (il est avec son armée assureur contre le risque de guerre) avec ses tâches intérieures (grâce à la police, il est assureur contre les risques de trouble, de vol, de fraude), les fonctions sociales (assureur contre le risque de misère) comme les fonctions économiques (assureur contre les risques d'incendie, d'inondation, etc.).

1. Art. cité, p. 5.

que les risques étaient à la fois également répartis et de nature largement aléatoire. Il est clair que ce n'est plus le cas aujourd'hui. Le social ne peut plus uniquement s'appréhender en termes de risque. Les phénomènes d'exclusion, de chômage de longue durée, définissent, hélas, souvent des *états stables*. On passe ainsi d'une approche aléatoire et circonstancielle des « pannes sociales » à une vision plus déterministe, dans laquelle on perçoit la plus faible réversibilité des situations de rupture. De ce fait même, tout un ensemble de populations tend à sortir du champ assuranciel. La chose était déjà claire depuis longtemps en ce qui concerne les retraites. Elles ne pouvaient être strictement traitées dans une logique assurancielle que dans une optique d'assurance invalidité[1].

Si ce basculement est actuellement surtout frappant pour tout ce qui renvoie aux phénomènes d'exclusion, il a aussi une portée plus large. Prenons l'exemple de la « dépendance », problème qui concerne un nombre croissant de personnes âgées : on compte actuellement en France 1 500 000 personnes âgées dépendantes, et les prévisions de l'INSEE pour l'an 2000 font état de 600 000 personnes âgées lourdement dépendantes nécessitant une aide pluriquotidienne, 800 000 personnes âgées semi-dépendantes demandant une aide plurihebdomadaire et 500 000 personnes âgées, occasionnellement dépendantes. Peut-on la concevoir comme un risque ? Probablement pas. Ni handicap, ni maladie, la dépendance – sauf lorsqu'elle peut être assimilée chez des jeunes à une invalidité d'origine accidentelle – n'est pas un phénomène d'ordre aléatoire[2]. Si la

1. Cf. Georges Fréville, *Les Retraites ouvrières*, Paris, 1906. Il écrit significativement : « Le malheur est qu'à force de parler de retraites de vieillesse, on s'est éloigné de la notion claire d'invalidité, pour revenir toujours au rêve de la vieillesse oisive et dorée du petit bourgeois et du fonctionnaire » (p. 49).

2. Cf. « La dépendance : assistance ou assurance », *Actes des Entretiens de l'assurance, 13-14 décembre 1993*, Paris, 1994.

dépendance doit être prise en charge, ce ne peut être que sur le mode d'une solidarité nationale globale[1]. La technique sociale assurancielle apparaît ainsi peu adaptée pour traiter un problème de cette nature. En matière sociale, le concept central est aujourd'hui beaucoup plus celui de précarité, ou de vulnérabilité, que celui de risque[2]. Les anciens instruments de gestion du social s'en trouvent du même coup décalés.

La notion de risque reste certes toujours pertinente. Mais elle a changé d'échelle, comme on l'a justement souligné[3]. Ce qui fait de plus en plus problème aujourd'hui, c'est le *risque catastrophique* : risques naturels (inondation, séisme), accidents technologiques majeurs, dégâts de grande ampleur à l'environnement. Ces menaces ne concernent plus des individus, mais des populations entières, voire même des nations. La socialisation des risques à laquelle procède l'assurance ne peut plus être opératoire dans ce cas. On s'en est bien rendu compte lorsqu'il s'est agi de trouver un cadre adéquat pour indemniser les victimes des catastrophes naturelles. Pendant longtemps, le traitement ne s'est fait que dans une optique d'assistance : l'État pouvait distribuer des secours d'urgence (un Fonds de secours aux victimes de sinistres et calamités fut créé dans ce but en 1956), mais sans que soit élaborée aucune règle de jus-

1. Une loi sur l'assurance-dépendance est certes en vigueur en Allemagne depuis le 1er janvier 1995. Si le système a la forme juridique d'une assurance sociale, financée par des cotisations assises sur le revenu (1% partagé entre employeurs et salariés), il revient cependant en fait à une prise en charge traditionnelle par la collectivité des personnes âgées dépendantes. Tous les salariés cotisent en effet, alors qu'un système assuranciel consisterait à répartir le risque à l'intérieur de la population concernée, celle des personnes âgées.

2. Cf. les analyses de Serge Paugam, Jean-Paul Zoyem et Jean-Michel Charbonnel, « Précarité et risque d'exclusion en France », *Documents du CERC*, n° 109, 1994.

3. Cf. François Drouault, « Philosophie de l'assurance », et François Ewald « Responsabilité, solidarité, sécurité », *Risques*, n° 10, avril-juin 1992.

tice à laquelle les victimes auraient pu se référer. Dans ce cas, l'attribution d'une indemnité relevait d'une libéralité et non d'un droit. La loi de juillet 1982 sur l'indemnisation des catastrophes naturelles a modifié cette situation. Mais elle a dû pour cela associer de façon hybride les notions de solidarité et d'assurance. Le dispositif mis en place par la loi reste d'ordre assuranciel puisqu'il repose sur le versement individuel de primes assises sur les assurances courantes. Mais il participe également d'une logique solidariste : la mise en œuvre du dispositif est liée au suivi d'une procédure publique (aboutissant à la prise d'un arrêté de catastrophe naturelle) et les primes versées sont uniformes quels que soient les risques courus (si le principe d'assurance joue par exemple entre les habitants de zones inondables, les primes des personnes vivant dans des zones non inondables sont de pures contributions de solidarité).

Les principes sur lesquels la Sécurité sociale est fondée trouvent ainsi leurs limites devant de telles catégories de risques collectifs. Le risque de catastrophe prend par ailleurs une place de plus en plus grande dans une société technologiquement développée[1]. C'est donc naturellement autour de lui que se mettent en place des procédures inédites de mutuellisation. En changeant d'échelle, le risque majeur entraîne une nouvelle approche du lien social : il conduit en effet à radicaliser la vision de la société en tant que communauté de destin. Devant la menace d'un accident nucléaire, par exemple, toutes les barrières et les distinctions entre les hommes s'abolissent, le réflexe solidariste s'impose sans discussion.

D'un autre côté, nos sociétés retrouvent aussi un sens plus marqué de la responsabilité individuelle. Pour une large part, le développement de la société assurancielle avait correspondu

1. Cf. Claude Gilbert, *Le Traitement des catastrophes : entre assurance et solidarité*, Rapport pour la table ronde « Affronter les catastrophes » du 13 décembre 1993.

à la visée d'une socialisation de la responsabilité dans laquelle la question de l'imputation des fautes s'effaçait derrière la recherche d'un régime satisfaisant d'indemnisation. Le grand juriste Saleilles écrivait dans cet esprit : « La vie moderne, plus que jamais, est une question de risque [...]. La question n'est pas d'infliger une peine mais de savoir qui doit supporter le dommage, de celui qui l'a causé ou de celui qui l'a subi. Le point de vue pénal est hors de cause, le point de vue social est seul en jeu. Ce n'est plus à proprement parler une question de responsabilité, mais une question de risques[1]. » C'était le sens de la loi pionnière de 1898 sur les accidents du travail. Cette approche continue par bien des aspects à rester valide. L'idée de traiter les accidents thérapeutiques dans cette perspective fait par exemple son chemin[2].

Mais un mouvement en sens contraire, à l'américaine pourrait-on dire, se fait aussi jour : on dénonce de tous côtés la société « irresponsable », en appelant les individus à se prendre en charge eux-mêmes. Dans l'ordre politique même, bien que ce soit différent, on voit aussi s'opérer ce retour à la responsabilité individuelle. Le régime traditionnel d'indemnisation des accidents s'avère, en outre, mal adapté pour traiter des accidents collectifs du type de celui de la contamination par le VIH des transfusés et des hémophiles. Tant que les accidents sont individuels, le système de socialisation de la responsabilité mis

1. René Saleilles, *Les Accidents de travail et la Responsabilité civile. Essai d'une théorie objective de la responsabilité délictuelle*, Paris, 1897, p. 4.

2. Cf. François Ewald, *Le Problème français des accidents thérapeutiques, enjeux et solutions*, Rapport à M. Bernard Kouchner, ministre de la Santé, Paris, septembre-octobre 1992. Depuis l'automne 1994, on envisage de créer en France une surprime d'assurance destinée à alimenter un fonds d'indemnisation des victimes d'accidents thérapeutiques (sans faute) sur le modèle mis en place pour l'indemnisation des catastrophes naturelles. Cf. aussi Stephen D. Sugarman, « Les projets de réforme de la responsabilité médicale aux États-Unis », *Risques*, n° 16, octobre-décembre 1993.

en place par la loi de 1898 sur les accidents du travail ou la loi de 1985 sur les accidents survenant aux piétons fonctionne en effet de façon satisfaisante. Mais les accidents concernant globalement des *populations* requièrent des mécanismes de prise en charge différents, qui ne peuvent être que publics d'une certaine façon. La loi du 31 décembre 1991 a ainsi créé un fonds spécial d'indemnisation pour les hémophiles et transfusés contaminés par le virus du SIDA[1].

La notion classique de risque social, sur laquelle était fondé tout l'édifice de l'État-providence, tend pour cette double raison à perdre son caractère unificateur. Elle se désagrège par en haut et par en bas, pourrait-on dire : l'attention au risque de catastrophe d'un côté et le retour à la faute individuelle de l'autre se conjuguent pour en réduire la centralité. On voit certes encore quelques domaines auxquels la procédure de socialisation de la responsabilité par l'assurance semble pouvoir s'appliquer. Plusieurs projets de loi récents ont par exemple suggéré de considérer le risque médical, quelles que soient son origine et la gravité des conséquences encourues, comme un risque social, pris en charge par une procédure analogue à celle des accidents du travail. Mais c'est un cas isolé.

Un autre facteur doit encore être pris en compte pour bien mesurer dans toutes ses dimensions l'ébranlement de l'édifice social que traduisent les transformations qui affectent notre conception de la notion de risque : c'est l'évolution parallèle de notre perception de l'*insécurité*. Pendant les Trente Glorieuses le risque de perte du revenu a constitué la matrice de référence. Ce n'est plus le cas aujourd'hui même si l'insécurité économique, liée à la situation de l'emploi, reste largement prégnante. De nouvelles formes d'insécurité sociale apparaissent : délinquance urbaine, ruptures familiales, menaces inter-

1. Sur le modèle du fonds d'indemnisation des victimes du terrorisme mis en place quelques années plus tôt.

nationales, etc. Elles renvoient parfois plus à l'État classique qu'à l'État-providence : protection sociale et sécurité physique entretiennent maintenant des liens nouveaux, induisant un rapport différent des individus à l'État. La Sécurité sociale n'apparaît plus comme le centre agrégateur du progrès social. Elle ne couvre désormais plus qu'une partie du champ dit social.

## L'inné et l'acquis

Il y a aussi un autre facteur qui va contribuer à ébranler en profondeur l'édifice assuranciel : les progrès de la génétique médicale. Ces progrès vont en effet induire une révolution considérable dans notre perception du rapport des individus à la société et dans notre approche spontanée de la solidarité ; révolution dont nous commençons tout juste à percevoir la direction et la portée. Pour résumer très schématiquement les choses, on peut dire que les progrès de la génétique conduisent à une réévaluation radicale de l'analyse des risques de santé, menant à une vision à la fois plus individualiste et plus déterministe du social. Il vaut la peine de s'arrêter un peu sur ce point.

Le propre de la connaissance génétique, telle qu'elle apparaît dans le grand projet de recherche sur le génome humain, est de bouleverser notre appréhension de la maladie[1]. Là où on ne voyait que l'aléa, la malchance, la médecine génétique décèle des causes organiques *prévisibles*. On a d'abord découvert qu'un certain nombre de pathologies étaient marquées par des gènes dont la possession conduisait automatiquement le sujet concerné à développer un type donné de maladie. Dès mainte-

1. Cf. Daniel Cohen, *Les Gènes de l'espoir. A la découverte du génome humain*, Paris, Robert Laffont, 1993.

nant, on a ainsi réussi à identifier 3 000 affections dites monogéniques. Dès l'examen de l'embryon, on est désormais capable de savoir si le sujet développera ou non certaines maladies. D'un autre côté, on devient plus largement capable d'évaluer avec une précision croissante les prédispositions génétiques de chaque individu à développer une quantité d'autres maladies.

La notion de risque change de sens dans ce cadre. Elle ne peut plus être comprise sur un mode statistique global, comme lorsqu'on calcule par exemple que chaque individu a une chance sur *x* de mourir d'un cancer du foie. Avec la connaissance génétique, on passe dorénavant du groupe à l'individu pour personnaliser le risque. Il y a certes toujours la présence d'accidents ou de maladies au développement complètement imprévisible. Il convient aussi dans de nombreux cas de moduler la connaissance des risques innés par la prise en compte des comportements. C'est par exemple le cas dans le domaine cardio-vasculaire. Si l'on connaît désormais mieux la nature des dispositions proprement génétiques qui peuvent entraîner l'artériosclérose et la thrombose, on sait aussi que des variables externes de comportements (le fait de fumer, de pratiquer certains sports) interviennent. Il ne faut donc pas penser trop vite et trop schématiquement que la santé de chacun est inéluctablement programmée. La « médecine prédictive » continue en effet à poser les diagnostics en termes de probabilités dans la plupart des cas. Le raisonnement statistique reste encore essentiel.

Il n'en demeure pas moins que cette « médecine prédictive » introduit une rupture. Notre perception des rapports entre l'inné et l'acquis en est profondément modifiée. On peut ainsi dès maintenant tendre vers l'établissement de cartes individuelles de risque résultant de l'addition de l'acquis et de l'inné[1]. Le risque existe toujours, mais il n'est plus un pur aléa

1. Cf. P. Molho-Sabatier, G. Tobelem et J. Caen, « Facteurs de risque vasculaire : du groupe à l'individu », *Risques*, n° 3, décembre 1990.

(c'est-à-dire un événement imprévisible), il devient plus individualisé. On passe désormais du groupe à l'individu pour appréhender le risque. « La médecine du futur sera individuelle, résume le Pr Jean Bernard. Nous a-t-on assez dit que la médecine du futur serait une médecine de troupeaux, une médecine grégaire, collective. C'est tout le contraire qui se produit. La médecine concerne l'homme, un homme, cet homme unique différent de tous les autres[1]. »

Ces développements de la génétique auront à terme d'énormes conséquences sociales et politiques. La raison en est simple : ils conduisent à remettre en cause l'approche statistique du social au profit de l'élaboration de modèles qui prennent davantage en compte des déterminismes et des comportements *personnels*. C'est du même coup la logique assurancielle sur laquelle se fonde l'État-providence qui se trouve invalidée. L'assurance consiste en effet à effacer les données individuelles, pour les fondre dans les caractéristiques générales, d'ordre statistique, d'une population. Par essence, l'assurance a ainsi une fonction de socialisation, d'agrégation, de solidarisation. Les risques que couvre l'assureur concernent des populations. L'assurance ne peut exister que si de telles populations sont constituées afin que puissent être mutualisés les risques courus par les individus qui les composent. A partir de cette notion de risque, l'assurance peut développer une règle de justice artificielle et contractuelle dans laquelle l'équité n'est plus appréhendée comme conformité à la nature. Si l'inné l'emporte sur l'acquis, cette conception de la justice s'effondre. La notion même de risque assurable disparaît en effet s'il y a personnalisation des risques : il n'y a pas d'assurance possible lorsque les déterminations sont individuelles, car il n'y a plus à proprement parler d'aléa. Il n'y aurait plus rien à mutualiser si

1. Jean Bernard, *C'est de l'homme qu'il s'agit*, Paris, Odile Jacob, 1988, p. 247.

les hommes étaient tout entiers fixement inscrits dans leur nature.

Nous n'en sommes certes pas arrivés à ce point et il n'y a pas lieu d'accueillir avec angoisse les progrès de la génétique comme si elle enchaînait désormais l'homme à son destin en niant sa liberté. Mais la médecine prédictive n'en brise pas moins un ressort profond de nos sociétés : la croyance dans l'émancipation progressive des forces de la nature comme loi implicite du progrès humain. Le voile d'ignorance, pour reprendre le concept de Rawls, qui accompagnait le contrat social est maintenant irrémédiablement déchiré. Il nous faudra désormais repenser la solidarité en sachant plus clairement ce que sont les situations et les chances de chacun. C'est dans le face-à-face direct des groupes et des individus que devront se définir les normes de justice acceptées. L'exercice de la solidarité deviendra plus directement politique, en d'autres termes : il s'identifiera à la formulation même du contrat social. Aujourd'hui, cette révolution de la connaissance du destin ne produit que des effets dans le monde des assurances privées. Les classes de risque s'y affinent et se différencient en suivant le rythme du savoir, conduisant à une segmentation croissante du social.

Une force de désagrégation du social est ainsi désormais souterrainement à l'œuvre, indexée sur une dynamique de l'information. Mais l'univers des assurances sociales sera lui aussi irrémédiablement concerné. Dès maintenant, on le voit, l'acceptation de la solidarité commence à s'accompagner d'une exigence de contrôle des comportements. Bientôt le fumeur sera requis de choisir entre son vice et le droit à un accès égal aux soins et le buveur d'alcool sera menacé du paiement de surcotisations sociales. Le coût social des attitudes individuelles apparaissant de plus en plus distinctement, la solidarité et la liberté chemineront de moins en moins de concert. C'est aussi sur ce mode que se manifeste le déclin de la société assurancielle.

## Les redistributions cachées

Si l'on peut parler, à la suite de ce qu'on vient d'évoquer, de dissolution du paradigme assuranciel, il convient également d'examiner les facteurs de décomposition institutionnelle du système ; ils suggèrent, là encore, que l'on tend progressivement à passer à une logique solidariste. Pendant toute une première période, les assurances sociales se sont inscrites dans un fort mouvement d'expansion. Il faut se rappeler que, dans l'Europe de 1910, il n'y avait que 15 % de la population active à bénéficier d'un système d'assurances sociales publiques ! Le taux de couverture est bien sûr presque complet maintenant, même si le système français a finalement échoué à mettre en place un régime vraiment universel de sécurité sociale. Les particularismes corporatifs ou socioprofessionnels se sont en effet conjugués à une vieille réticence mutuelliste pour laisser en place un système qui reste segmenté[1].

Tout système assuranciel est redistributif. Mais la redistribution à laquelle il procède est purement compensatoire : elle vise à annuler des dommages ; c'est une redistribution horizontale. Des mécanismes de redistribution verticale, entre classes de revenus, d'essence solidariste donc, se sont cepen-

1. En 1945, la Mutualité avait ainsi été plongée dans le désarroi par la création de la Sécurité sociale, craignant de voir son rôle éclipsé et les identités professionnelles diluées dans un vaste système unifié. Cf., sur ce point, les textes cités par Bernard Gibaud, *De la mutualité à la Sécurité sociale*, Paris, Éd. Ouvrières, 1986. Dans le cadre même de la Sécurité sociale, il est frappant de constater que les régimes particuliers (mineurs, cheminots, marins, employés de l'EGF, etc.) ont survécu alors qu'il avait été prévu en 1945 de mettre rapidement en place un régime unique. Dès l'automne 1946, les particularismes socioprofessionnels renaissaient (cf. les propos de Pierre Laroque, le « père » de la Sécurité sociale française, recueillis par Guy Herzlich, *Le Monde*, 29-30 septembre 1985).

dant peu à peu développés à l'intérieur du système de sécurité sociale. Mais comme ce mouvement s'est effectué par petites touches successives, on n'en a peut-être pas toujours pris la mesure. Sans entrer dans des détails trop techniques, on peut cependant signaler brièvement les grands traits de l'évolution vers un système verticalement plus redistributif.

Toute une série de cotisations sociales (l'assurance maladie en particulier) ont d'abord été progressivement déplafonnées, alors que les prestations versées sont indépendantes du revenu, identiques pour tous. Alors que le système mis en place en 1945 limitait les cotisations à un certain niveau (appelé plafond), partant du principe que la consommation médicale n'était pas fonction du salaire, les besoins de financement ont conduit au déplafonnement. De 1967 à 1984, à coups de petits ajustements successifs, l'assurance maladie a ainsi changé de nature. Sans que l'on s'en rende vraiment compte, tant les points de déplafonnement ont chaque fois été conçus comme relevant d'une contribution purement « conjoncturelle » à l'équilibre des comptes de la Sécurité sociale. Le Livre blanc sur la protection sociale de 1983 notait par exemple que le déplafonnement « pourrait constituer à la fois un moyen de dégager des ressources nouvelles et un premier pas en vue d'une répartition plus équitable de l'effort social ». Le même processus a également affecté d'autres cotisations comme celles concernant les accidents du travail (loi du 23 janvier 1990) ou les allocations familiales (loi de 1990)[1].

A partir des années 1980, tout un ensemble d'autres mesures a prolongé les effets redistributifs de ces déplafonnements. A compter de 1982, les fonctionnaires ont ainsi dû verser une cotisation de 1 % pour financer l'assurance chômage, alors

1. Les cotisations d'assurance maladie étant quant à elles totalement déplafonnées depuis 1984. Pour une vision d'ensemble du processus de déplafonnement, cf. A. Joubert, « L'assiette des cotisations sociales », *Droit social*, juin 1993.

qu'ils ne courent aucun risque de cette nature. Cotisation dont la dénomination officielle – « Contribution exceptionnelle de solidarité en faveur des travailleurs privés d'emploi » – suffit à dire la nature. L'évolution de l'assurance chômage est là particulièrement significative. Mis en place en 1958, le système de l'UNEDIC est né de l'idée d'une assurance individuelle contractée par des travailleurs contre le risque de se trouver momentanément sans emploi. C'est peu à peu que la mission première de l'UNEDIC s'est élargie à une véritable aide sociale généralisée aux personnes sans emploi, chômeurs, au sens propre, ou non.

En 1994, les partenaires sociaux ont signé un accord prévoyant ouvertement que les retraités seraient mis à contribution pour assurer le sauvetage du régime de retraite des cadres (AGIRC), en contradiction avec le principe officiel de répartition. Dès 1974, une loi a par ailleurs instauré des procédures de compensation démographique entre salariés et non-salariés. D'où d'ailleurs l'inquiétude manifestée en retour par certains dans les années 1970 sur les fameuses « charges indues » pesant sur les caisses de sécurité sociale (d'assurance maladie tout particulièrement), c'est-à-dire les dépenses sortant du cadre strictement assuranciel : compensation entre régimes sociaux, prise en charge par la Sécurité sociale de dépenses relevant de la solidarité nationale (prise en charge des cotisations des handicapés adultes par exemple), versement de prestations à des populations non cotisantes, etc.[1].

Les différents régimes de sécurité sociale (maladie, vieillesse, famille, accidents du travail) sont théoriquement indépendants. Ils disposent d'organes de gestion spécifiques et de comptes séparés. Mais cela tend de plus en plus à ne repré-

1. Pour une mise au point sur la question des charges indues, cf. les dossiers « La crise du financement du régime général », *Espace social européen*, 9 avril 1993, et « L'indispensable clarification », *ibid.*, 28 janvier 1994.

senter qu'une réalité de façade. La Sécurité sociale forme désormais un vaste système polymorphe, aux frontières floues et au financement complexe, dans lequel se mêlent toujours plus inextricablement cotisations, emprunts, subventions, transferts de toutes natures. Si la séparation des risques et des régimes est toujours hautement affirmée dans les textes officiels, la réalité est tout autre. Cette évolution a d'ailleurs été accélérée depuis les années 1980 par la montée du chômage, l'effritement de l'assiette salariale et la diminution du nombre de cotisants qui en est résultée. Les politiques publiques d'exonération ou de minoration des charges sociales pour inciter les entreprises à créer des emplois n'ont fait qu'accroître ce mouvement. Si le nombre d'emplois exonérés se limitait à 181 000 en 1984, il dépassait le million dès 1992. Ces exonérations n'étant que partiellement compensées par l'État, elles conduisent en effet à une nouvelle forme de redistribution des revenus. Si l'on prend aussi en compte le fait que les bénéfices de l'assurance maladie ont été progressivement étendus, de 1967 à 1978, à des catégories de personnes non cotisantes, on mesure l'énorme décalage qui s'est progressivement instauré entre les principes théoriques qui fondent les institutions de sécurité sociale et la réalité de leur fonctionnement. Les assurances sociales se sont ainsi profondément transformées dans les années 1970 et 1980, entraînant des rapports entre assurance et solidarité qui n'avaient pas été pensés par les pères fondateurs du régime. A tel point que l'on est maintenant fondé à parler de « mythe de l'assurance[1] ».

C'est même devenu vrai du domaine pourtant le plus préservé, celui des retraites. Une étude de la Caisse nationale d'assurance vieillesse estimait ainsi, dans les années 1980, à 30 % de la masse des pensions servies l'importance de la part

1. Cf. la très bonne mise au point de Nicolas Dufourcq, « Sécurité sociale : le mythe de l'assurance », *Droit social*, mars 1994.

non contributive[1]. Les vieux systèmes de retraite à base professionnelle sont de leur côté complètement disloqués par l'évolution démographique et donc incapables de faire face seuls à leurs obligations. On peut même citer quelques chiffres spectaculaires[2]. En 1950, le régime des salariés agricoles comptait ainsi 1 228 000 cotisants pour 161 000 retraités, soit 8 pour 1 ; en 1987, il restait 682 000 cotisants pour 1 521 000 retraités, le rapport démographique tombant ainsi à 0,4. Le cas du régime des mines est encore plus extraordinaire : en 1950, 405 000 cotisants devaient supporter 243 000 pensionnés (rapport 1,67), ce qui était déjà difficile ; mais c'est devenu tout à fait impossible en 1987 puisque l'on ne compte plus que 60 000 actifs pour 437 000 retraités (rapport 0,14) ! Là encore, le système ne marche qu'à coups de redistributions cachées. Dans ces conditions, la vieille logique mutuelliste, d'ordre professionnel, vole nécessairement en éclats. Dans un monde de plus en plus complexe et évolutif, la solidarité n'a de sens que globale.

## Les effets de la révolution démographique

Les données démographiques ont aussi contribué de leur côté à changer notre perception de l'équité. Derrière la protection sociale des risques, il est, en effet, devenu de plus en plus apparent que l'État-providence fonctionnait aussi comme une gigantesque machine à transferts entre les générations. Si l'État-providence doit parmi ses finalités assurer une fonction

1. Cf. Rolande Ruellan, « Retraites : l'impossible réforme est-elle achevée ? », *Droit social*, décembre 1993.

2. Cf. Jean-Claude Chesnais, « L'évolution démographique des principaux régimes de retraite en France depuis 1950 », *Population*, n° 6, 1989.

de « report », c'est-à-dire de fourniture de ses prestations sur un cycle de vie[1], les conditions d'exercice de cette fonction ont conduit à de profonds déséquilibres entre générations. En une vingtaine d'années, la logique première de l'État-providence s'est silencieusement infléchie sous l'effet de la révolution démographique (allongement de la durée de vie d'une part, réduction de la natalité d'autre part), cédant progressivement le pas à une nouvelle société de transferts[2].

C'est d'abord vrai de l'assurance maladie. De nombreuses études l'ont souligné : les dépenses de santé se concentrent désormais sur les tranches d'âge élevé. La consommation médicale des 20 à 60 ans (âge des cotisants) est ainsi en moyenne trois fois moins élevée que celle des 80 à 90 ans[3]. Il est maintenant clair que les cotisations d'assurance maladie ne servent pas principalement à couvrir les dépenses des assurés-cotisants[4] : elles bénéficient pour l'essentiel aux retraités (dont certains seulement cotisent et encore à un taux relativement symbolique).

Ces transferts intergénérationnels ne s'arrêtent pas là. On peut les observer aussi en matière de revenus (à cause de l'impor-

1. Sur cette fonction de report, cf. les analyses de Jacques Bichot, « Protection sociale : clarifier les idées avant de réformer », *Droit social*, décembre 1988. Cf. aussi « La comptabilité par génération : un nouvel instrument de la politique budgétaire », *Problèmes économiques*, 13 janvier 1993.

2. Cf. Denis Kessler et André Masson (éd.), *Cycles de vie et Générations*, Paris, Economica, 1984 (ouvrage pionnier sur le sujet). Cf. aussi, sur ce point, l'excellente synthèse de Denis Olivennes, « La société de transferts », *Le Débat*, mars-avril 1992 (consulter également, dans le même numéro, « L'État-providence en proie au démon démographique » de Jean-Marie Poursin).

3. Cf. les données fournies par André et Arié Mizrahi : *Débours et Dépenses médicales selon l'âge et le sexe, France, 1970-1980*, Paris, Centre de recherches, d'études et de documentation en économie de la santé, Paris, 1985 ; « Les tendances à long terme de la consommation médicale », *Futuribles*, octobre 1990. Des études allemandes donnent les mêmes indications : cf. le tableau reproduit dans *The Economist*, 18 décembre 1993.

4. Cf. les bonnes remarques de Jacques Bichot, « La solidarité professionnelle se meurt, vive la solidarité nationale », *Droit social*, janvier 1991.

tance que revêt en France le facteur de l'ancienneté dans la rémunération) ou de patrimoines. Mais c'est naturellement dans le domaine des retraites qu'ils sont les plus manifestes. Dans un essai éloquemment titré *Génération sacrifiée : les 20-45 ans*, Christian Saint-Étienne procède à juste titre à un diagnostic sévère. « Les 30-45 ans, écrit-il, supportent depuis dix ans le taux de prélèvements obligatoires le plus élevé de notre histoire et le plus lourd de tous les grands pays industriels [...] tandis que les plus de 60 ans bénéficient simultanément, au cours de la période 1980-2000, du niveau moyen de pensions de retraite le plus élevé de l'histoire, d'un niveau de soins pris en charge par la collectivité sans équivalent jusqu'ici, et de revenus considérables d'un patrimoine majoritairement concentré entre leurs mains. » Et encore : « Les jeunes auront connu dans les années 80, et connaissent dans la première moitié des années 90, un taux de chômage très élevé. [...] Et lorsqu'ils arriveront à l'âge de la retraite, ils subiront la plus forte baisse collective de pouvoir d'achat qu'on puisse aujourd'hui concevoir »[1].

Le Livre blanc sur les retraites, publié au printemps 1991, n'hésitait d'ailleurs pas à brandir le spectre d'une guerre des âges en rappelant ces données économiques. Aussi Michel Rocard avait-il raison d'en appeler, dans sa préface à cet ouvrage, à un « nouveau contrat entre les générations ». Ce sont en effet les formes mêmes de l'équité qu'il faut aujourd'hui repenser. On sent d'ailleurs bien que les perceptions de l'équité se compliquent aujourd'hui. A l'idée faussement simple de « réduction des inégalités » (généralement comprise comme réduction instantanée des disparités de revenus), s'ajoutent ainsi peu à peu les notions d'*équité intergénérationnelle* ou de *nouvelle équité des chances* (visant à l'équité des situations dans le temps et pas seulement à l'équité de départ).

1. Christian Saint-Étienne, *Génération sacrifiée : les 20-45 ans*, Paris, Plon, 1993, p. 8-9.

## Le déclin du paritarisme

Malgré sa décomposition progressive, ce système a longtemps gardé une apparence de consistance grâce à l'identité organisationnelle que lui conférait le principe de la gestion paritaire entre le patronat et les organisations syndicales. Le paritarisme comptait pour beaucoup dans l'entretien de la fiction assurancielle. Dans l'idéologie comme dans la pratique syndicales, les tâches de gestion de la Sécurité sociale étaient valorisées. Elles symbolisaient l'appartenance aux travailleurs du système (c'est d'ailleurs un objectif qui avait été fortement mis en avant en 1945 par les pères fondateurs de la Sécurité sociale). Les élections des administrateurs salariés dans les caisses – actuellement reportées *sine die* – jouaient de leur côté un rôle non négligeable dans la légitimation sociale du rôle des syndicats. Mais la crise de la représentation sociale et l'affaiblissement du syndicalisme, en même temps que l'intervention croissante de l'État pour boucher les trous des différents régimes, ont sapé l'édifice[1]. La loi du printemps 1994 sur la protection sociale cautionnait symboliquement cette évolution en prévoyant l'organisation annuelle d'un débat parlementaire sur les finances de la Sécurité sociale. Organisé au moment de l'adoption définitive de la loi de finances, ce débat devrait déboucher sur le vote d'un « objectif prévisionnel » des dépenses de la Sécurité sociale. Même s'il est prévu que ce vote n'aura pas d'effets juridiquement contraignants, la procédure nouvelle témoigne pourtant avec éclat du déclin du paritarisme.

1. Pour une bonne mise au point d'ensemble, cf. le dossier « Paritarisme, tripartisme, étatisme », *Espace social européen*, 12 novembre 1993.

*
* *

Tous les facteurs se sont ainsi conjugués pour mener au déclin de l'État-providence sous sa forme historique assurancielle. Ce mouvement ne fait-il que traduire l'effacement du modèle « bismarckien » devant le modèle « beveridgien »[1] ? Rien n'est moins sûr. Car si l'État bismarckien-providence est de fait en train de s'effriter, ce n'est pas le système imaginé par Beveridge qui triomphe. Si tout pousse le nouvel État-providence qui s'édifie vers une forme plus solidariste, ce n'est pas pour autant un mécanisme de type beveridgien originel qui pourra le remplacer. Adapté au contexte historique de l'après-guerre, ce dernier a certes mis en place un système universaliste fondé sur la citoyenneté, mais il ne fournit que des prestations ultra-minimales. Il a ainsi progressivement fallu mettre en place en Grande-Bretagne tout un ensemble d'allocations complémentaires d'assistance, non universalistes, elles, pour rendre viable le système. Le modèle beveridgien est donc lui aussi à reprendre. Il n'a pas mieux résisté à la crise de l'État-providence que le modèle bismarckien. Au-delà de la différence historique entre les deux modèles, c'est donc bien le principe même de la solidarité qui est à refonder.

1. L'État-providence bismarckien, rappelons-le, est fondé sur le mécanisme des assurances sociales dans lequel les prestations sont la contrepartie de cotisations (sur le modèle mis en place en Allemagne dans les années 1880), alors que l'État-providence beveridgien, tel qu'il a été forgé par Beveridge en Angleterre, fournit des prestations uniformes à tous les membres de la collectivité (il est donc financé par l'impôt ; les prestations qu'il offre ne constituant souvent que des minima assez bas). Sur cette différence, cf. Pierre Rosanvallon, *La Crise de l'État-providence*, *op. cit.*, nouvelle éd., et Philippe Van Parijs, « Assurance, solidarité, équité : les fondements éthiques de l'État-providence », *Cahiers de l'École des sciences philosophiques et religieuses*, n° 12, 1992.

CHAPITRE II

# REFAIRE NATION

La citoyenneté sociale

La déchirure du voile d'ignorance

La justice et le savoir des différences

Solidarité et démocratie délibérative

La tentation de la victimisation sociale

Refaire nation

Dramatiser le contrat social

La question de l'État-providence se superpose de plus en plus avec celle de la citoyenneté. Dès lors que les fondements assuranciels du système s'effritent, c'est en effet nécessairement une logique solidariste qui doit prendre le relais. Tout est alors ramené à l'essentiel, au point originaire, là où lien social et lien civique se confondent. En son essence, l'appartenance à la cité est indissociable d'une sorte de pacte moral. La vie commune repose sur l'adoption d'une arithmétique simple : les obligations de la collectivité envers chacun de ses membres sont la contrepartie de l'implication de ceux-ci. C'est parce que les citoyens sont prêts à mourir pour la patrie que celle-ci a une dette à leur égard. Le propre de la guerre est d'instaurer un principe d'équivalence radicale : chaque vie pèse d'un même poids et le sacrifice de chacun peut être appelé de la même façon. L'État-providence est une version apaisée et ordinaire de cet idéal-là, mais il est fondé sur un ressort identique.

On voit là qu'il y a deux histoires possibles de l'État-providence. D'un côté une histoire institutionnelle, fondée sur l'analyse de l'application des techniques assurancielles au domaine social et de leur extension. De l'autre, une histoire plus philosophique, articulée autour de la notion de citoyenneté, mettant en rapport les droits sociaux avec la dette que l'État contracte envers des individus. L'État-providence est dans ce cas complètement encastré dans l'État-nation. La première histoire a longtemps été dominante. Elle a été décisive pour permettre de comprendre comment s'était techniquement construit l'édifice de la Sécurité sociale ; elle a aussi permis de mieux retracer les conditions juridiques et pratiques du passage de l'assistance traditionnelle à l'État-providence moderne. Mais le contexte dans lequel nous nous trouvons aujourd'hui rend particulièrement nécessaire le retour à une approche à la fois plus philosophique et plus politique. Le séisme du chômage de masse nous ramène à l'essentiel : à l'enracinement de l'État-providence dans la matière même du contrat social.

## La citoyenneté sociale

La mise en place des institutions actuelles de sécurité sociale s'inscrit dans le mouvement d'universalisation et d'application au social de l'assurance mutuelle. Mais cette histoire n'a rien eu de linéaire. Il a, en effet, fallu surmonter de sourdes résistances sociales, patronales notamment, et de fortes pesanteurs politiques pour arriver au système de 1946. L'histoire moderne de la Sécurité sociale est inséparable là du renforcement du lien civique provoqué par les deux grandes guerres du siècle. En 1930, un des apôtres de la première loi sur les assurances sociales l'a exprimé dans des termes très significatifs. Cette loi, a-t-il souligné, « est née, au lendemain de la guerre, de la solidarité qui s'était affirmée entre les différentes classes sociales, de la volonté d'accorder à ceux qui avaient défendu la patrie dans les tranchées l'aide nécessaire dans les mauvais jours ; du souvenir des efforts qu'ils avaient accomplis ; d'une grande idée de solidarité nationale[1] ». Cette analyse va droit au fond des

1. Laurent Bonnevay, discours à la Chambre des députés du 17 avril 1930.

choses. Elle permet notamment de comprendre pourquoi l'État-providence a progressé par bonds, tout particulièrement à l'occasion des crises et des guerres : ces périodes constituent des temps d'épreuve à la faveur desquels il y a reformulation plus ou moins explicite du contrat social. L'expérience de la guerre est particulièrement exemplaire. Elle radicalise le cours des existences, ramène le lien social à l'essentiel et à l'origine. Le fondateur du système anglais de sécurité sociale, Beveridge, a justement insisté sur cet effet égalisateur. « L'effet le plus général de la guerre, explique-t-il, est de rendre plus importants les gens ordinaires. Chaque individu valide de la communauté devient en effet un capital précieux[1]. » En menaçant de renvoyer les hommes dans l'état de nature, la guerre les invite ainsi à une expérience de refondation sociale. « Le moment est propice pour sceller à nouveau l'unité sociale de la nation », peut-on ainsi lire en mars 1944 dans un des principaux organes clandestins de la Résistance, les *Cahiers de défense de la France*[2].

Le lien entre la mise en œuvre de l'État-providence et la reformulation du contrat social a été très fort après la Seconde Guerre mondiale. L'exposé des motifs de l'ordonnance du 4 octobre 1945 portant sur l'organisation de la Sécurité sociale parle ainsi de « l'élan de fraternité et de rapprochement des classes qui marque la fin de la guerre » pour justifier l'institution d'un système de sécurité sociale. Le ministre du Travail et de la Sécurité sociale de l'époque, Ambroise Croizat, note de son côté que la réforme est « née de la terrible épreuve que nous venons de traverser[3] ».

1. William H. Beveridge, *The Pillars of Security and other War-time Essays and Adresses*, Londres, 1943, p. 109 (« *every able-bodied person in the community becomes an assett* », dit le texte anglais).

2. Article de Robert Salmon, reproduit *in* H. Michel et B. Mirkine-Guetzévitch, *Les Idées politiques et sociales de la Résistance*, Paris, 1954, p. 376-377.

3. Intervention à l'Assemblée nationale constituante, le 6 août 1946. Cf. sur ce point les nombreux textes de cette tonalité cités *in* Alain Barjot

L'enracinement des droits sociaux dans une arithmétique de la dette ne date pas du XX^e siècle. Le phénomène est présent beaucoup plus tôt. Il est par exemple significatif de constater que les principaux régimes d'indemnisation ou les systèmes d'aide sociale les plus organisés mis en place pendant la période révolutionnaire ont été très largement liés à la gestion des conséquences sociales de la guerre.

« Que la patrie se montre la mère commune de tous les citoyens » : la Révolution a entendu suivre cette exhortation de Rousseau[1]. C'est pourquoi elle a solennellement affirmé à plusieurs reprises que le secours aux indigents était une « dette sacrée ». Une fête décadaire fut même consacrée à honorer le malheur[2]. Il faut bien comprendre là que l'État-providence moderne doit plus à Rousseau qu'à Marx. Mais au-delà de cette vision globale, c'est la dimension proprement *patriotique* de l'assistance qui est vraiment centrale pendant cette période. Dès 1791, toute une série de décrets accorde ainsi des secours sur une base patriotique : secours aux Acadiens et Canadiens réfugiés en France, puis ultérieurement à de nombreuses autres catégories de réfugiés ; indemnités aux personnes dont les propriétés ont souffert de l'invasion de l'ennemi ; aide aux parents des victimes de la journée du 10 août 1792, de la journée du Champ-de-Mars, etc. A l'automne 1792, les secours aux familles des défenseurs de la patrie constituent un des axes majeurs de la politique d'assistance publique[3]. Dans un projet de *Code*

---

(éd.), *La Sécurité sociale. Son histoire à travers les textes*, t. III, *1945-1981*, Paris, Association pour l'étude de l'histoire de la Sécurité sociale, 1988.

1. Article « Économie politique » de l'*Encyclopédie* de Diderot et d'Alembert.

2. Cf. Mona Ozouf, *La Fête révolutionnaire, 1789-1799*, Paris, Gallimard, 1976.

3. Cf. les décrets du 26 novembre 1792 et de mai 1793. Cf., sur ce point, les travaux pionniers de Guy Thuillier, et en particulier son article « Les secours aux parents indigents des défenseurs de la patrie de 1794 à 1796 », *Bulletin d'histoire de la Sécurité sociale*, n° 17, janvier 1988.

*des secours publics*, élaboré en l'an II, on peut ainsi lire : « La nation doit beaucoup aux citoyens qui sont partis volontairement pour la défense de la liberté, aussi leur a-t-elle accordé des avantages nombreux ; pour mieux consacrer son estime et sa reconnaissance, elle a cru devoir faire participer leurs familles aux effets de sa générosité. Si le sort des combats leur est contraire, des secours de toute espèce sont encore offerts à eux et à leurs parents. Cette partie du code est celle dont les dispositions sont les plus étendues[1]. » Pendant toute la période du Directoire, ces formes d'assistance patriotique restent très actives, finissant par former à la veille du 18 Brumaire un vaste dispositif.

La dimension civique de l'État-providence n'est pas propre à la France ou à l'Angleterre. Elle a aussi eu une fonction déterminante aux États-Unis. Theda Skocpol l'a rappelé dans un ouvrage très éclairant[2], montrant le rôle décisif joué par l'aide aux veuves des victimes de la guerre de Sécession ainsi que par les pensions versées aux anciens combattants dans la construction d'un « État-providence maternel ». Au-delà des distinctions classiques entre modèles bismarckien et beveridgien de l'État-providence[3], on trouve là une dimension historique fondatrice de l'État-providence. Au moment où les soubassements assuranciels de la Sécurité sociale s'effritent, c'est à cet *État civique-providence* originel qu'il nous faut retourner. Mais cela pose deux questions difficiles. La première est d'ordre philosophique : sur quel principe de justice fonder l'État-providence dès lors qu'il n'est plus possible de se contenter d'une simple mutualisation des risques sociaux ? La

1. Projet reproduit par Guy Thuillier *in* le *Bulletin d'histoire de la Sécurité sociale*, n° 17, janvier 1988, p. 90.
2. Theda Skocpol, *Protecting Soldiers and Mothers : The Political Origins of Social Policy in the United States*, Cambridge (Mass.), Harvard University Press, 1992.
3. Cf. ci-dessus, p. 45.

deuxième, d'apparence plus technique, a une portée considérable : le passage, ou le retour, à un système d'essence plus civique n'implique-t-il pas que l'on passe d'un financement fondé sur des cotisations sociales à un financement par l'impôt ?

## La déchirure du voile d'ignorance

L'État-providence, on l'a déjà souligné, fonctionnait sous « voile d'ignorance ». Le principe assuranciel sur lequel il s'appuyait présupposait que les individus étaient égaux devant les différents risques sociaux susceptibles d'affecter l'existence. L'opacité du social était ainsi une condition implicite du sentiment d'équité. Tous les membres de la société pouvaient se considérer comme solidaires dans la mesure où ils percevaient la nation comme une classe de risques relativement homogène. C'est de moins en moins le cas. On a déjà insisté à ce propos sur les conséquences des progrès de la médecine génétique. Mais le phénomène est général : la meilleure connaissance que la société a de ses différences tend à modifier très sensiblement la perception du juste et de l'injuste.

Prenons un exemple simple, celui des retraites. On sait maintenant avec précision quelles sont les espérances de vie et donc les durées de la retraite des diverses catégories socioprofessionnelles. On peut ainsi calculer les différents « délais de récupération » des cotisations, c'est-à-dire le nombre d'années de retraite nécessaires pour obtenir un « remboursement virtuel » des contributions versées[1]. Les inégalités constatées

1. Cf. Sophie Porthieux, *Assurance-vieillesse : un essai de mesure des écarts entre catégories de salariés*, Paris, Documents du CERC, janvier 1992.

dans ce cadre sont très nettes : la durée de perception de la retraite du cadre supérieur est en moyenne de 17 ans, contre moins de 15 ans pour l'employé. On comprend du même coup la relative perte de confiance des Français dans leurs retraites : beaucoup craignent de « ne pas en profiter » alors qu'ils ont cotisé durant toute leur vie de travail.

Cette connaissance accrue des différences entre individus et entre groupes met à l'épreuve les fondements du contrat social. Si les hommes sont naturellement solidaires face à un destin qu'ils ignorent, ceux qui savent qu'ils seront épargnés par telle ou telle grave maladie très coûteuse accepteront-ils de continuer à payer les mêmes cotisations d'assurance maladie que ceux qui sont génétiquement condamnés à développer cette affection ? Dans un univers opaque, la justice a essentiellement une dimension *procédurale* : elle se confond avec la recherche d'une règle universelle. Notre connaissance accrue des inégalités et des différences fait que cette définition de la justice devient problématique. Chez Rawls, le principe de différence (les inégalités ne sont acceptables que si elles sont profitables aux plus défavorisés), très exigeant en ce sens qu'il peut entraîner une importante redistribution, n'est formulé que sous voile d'ignorance. C'est parce que les individus doivent prévoir qu'ils seront peut-être eux-mêmes les plus défavorisés qu'il est adopté. Mais que se passe-t-il quand on sait qui sont les riches et les pauvres ? On peut douter de l'adoption automatique et logique du principe de différence.

Si je sais que je profiterai statistiquement moins longtemps de ma retraite que d'autres, pourquoi accepterai-je de cotiser au même taux qu'eux ? Je considérerai comme juste qu'il soit tenu compte de cette disparité. A l'équité procédurale, indifférente aux variations des situations de chacun, je préférerai une *équité de résultats* qui les intègre. On le voit, cette dynamique du savoir des différences ne se limite pas à dissocier toujours plus strictement assurance et solidarité. Elle mine d'abord les fondements du principe assuranciel social, en réduisant la taille des classes de risques. Si l'exercice de la justice est lié à la délimitation de classes de risques homogènes (à l'intérieur desquelles les risques sont les mêmes pour tous), celles-ci rétrécissent en même temps que la connaissance progresse. Le mécanisme assuranciel peut certes toujours s'appliquer à des groupes plus restreints, mais on sort alors du champ de l'assurance sociale. Alors que l'assurance sous voile d'ignorance a une fonction d'agrégation et de socialisation, c'est au contraire un mouvement de désolidarisation qui se met en marche quand les informations disponibles sur les individus se multiplient : l'information est l'aliment de la différenciation. A la limite, il n'y aurait d'ailleurs plus rien du tout à assurer si les individus étaient radicalement particuliers : on ne pourrait plus constituer aucune « population ».

Ce sont les rapports entre la notion de justice et celle de solidarité qui se trouvent du même coup radicalement modifiés. Pour dire les choses autrement, la déchirure du voile d'ignorance conduit à retrouver l'opposition traditionnelle entre justice distributive et justice commutative[1] ; opposition que l'État-providence classique avait en partie dépassée, le système assuranciel social mêlant règle d'équité et mécanisme de redistribution. On peut en effet très schématiquement définir la solidarité comme une forme de compensation des différences.

1. La justice commutative, rappelons-le, consiste dans l'égalité de droit (« formelle »). Elle est fondée sur le principe de réciprocité et correspond à la maxime « à chacun selon son dû ». Elle se réfère à l'idéal de « juste rémunération », considérant que l'équité réside dans le fait que chacun reçoive l'équivalent de son apport (les prestations sont par exemple considérées comme la contrepartie des cotisations). La justice distributive, ou corrective, vise au contraire l'égalité économique (« réelle »). Elle est fondée sur le principe de redistribution entre riches et pauvres et correspond à la maxime « à chacun selon ses besoins ». Alors que la justice commutative peut fonctionner sans intermédiaire politique (principe du contrat ou de l'assurance), la justice distributive implique l'intervention d'une agence publique.

Elle se caractérise donc par une action positive de partage. La justice renvoie quant à elle à la norme reconnue comme légitime de ce partage. Dans l'assurance sous voile d'ignorance, il y a superposition de la justice et de la solidarité : le partage des risques est en même temps une *norme d'équité* et une *procédure de solidarité*. Équité et redistribution se confondent alors. Il n'en va plus de même lorsque le voile d'ignorance a été déchiré. La notion de justice retrouve dans ce cas son caractère problématique : le juste n'est plus définissable *a priori* dès lors que les différences ne sont plus simplement dérivées de l'aléa.

Nous entrons pour cette raison dans un âge postrawlsien de la réflexion sur le social. Avec sa *Théorie de la justice* fondée sur la définition d'un principe de justice formulé sous voile de l'ignorance, Rawls a en fait théorisé le type d'État-providence qui est en train de s'effacer actuellement. Ce dont nous avons besoin aujourd'hui, c'est d'une approche de la justice « sous le soleil de la connaissance » des différences entre les hommes.

## La justice et le savoir des différences

Le progrès de notre connaissance des inégalités entre les hommes conduit à distinguer trois facteurs de différenciation : les déterminations de la nature, les variables de comportement, les résultats du sort. Si la part reconnue aux effets du hasard diminue, comment fonder un principe légitime de solidarité ? Il ne pourra plus s'agir d'un principe d'égalité purement procédural. La solidarité devient au contraire, par définition, fondée sur le traitement différencié des individus : elle ne peut donc plus dériver de l'application d'une norme fixe et universelle. Dans ce cadre, la question de la justice a deux aspects.

Le premier consiste à fixer l'attitude à adopter devant les inégalités naturelles. Si l'équité ne consiste que dans le traitement égal des individus, ces inégalités naturelles ne constituent pas un objet d'action. C'est seulement si l'on adopte le principe d'égalité des chances qu'elles peuvent l'être. La solidarité se définit dans ce cadre comme une action de compensation des inégalités naturelles. La sensibilité contemporaine aux *discriminations* trouve d'ailleurs là sa source.

La conception dominante de la réduction des inégalités prend maintenant souvent la forme d'une dénonciation des discriminations, entendues au sens large comme les différences de traitement des individus imputables à leurs caractéristiques *naturelles* (le sexe, l'âge, la race, les handicaps physiques ou psychiques). La lutte contre les discriminations est une façon nouvelle de lier une norme d'équité (le traitement équivalent des individus) à une politique de correction des différences.

Mais la justice peut-elle aller jusqu'à effacer le poids effectif de la nature ? Ce n'est pas la même chose que de lutter contre les discriminations. Cela irait beaucoup plus loin, jusqu'à l'utopie d'une recréation humaine de la nature, conforme à un principe d'égalité radicale, allant vers une similitude des êtres humains, absolument indifférenciés, parfaits clones d'un pur être de la nature. On voit bien l'impasse totalitaire à laquelle conduit une telle approche. Mais entre l'utopie d'un effacement du poids de la nature (intelligence, hérédité, situation familiale) et le consentement à ses données, y a-t-il place pour la définition positive d'une action[1] ?

C'est ce qu'essaie de traduire à sa façon dans la gestion des systèmes sociaux la notion de *handicap*. Elle caractérise une

1. Définition *positive*, car on ne peut se limiter à l'approche purement négative en termes de réduction des inégalités. Si on ne peut plus se contenter d'invoquer l'action de « réduction des inégalités », c'est qu'il faut à un moment ou à un autre la faire reposer sur une théorie de l'égalité ou de la justice pour la légitimer.

forme d'inégalité naturelle, physique ou psychique, dont les spécificités pourraient se différencier des autres disparités entre les hommes. Mais cette caractéristique supposée du handicap n'a en fait rien d'objectif. Il n'y a pas de classes de faits que la médecine ou la science en général pourrait ranger dans cette catégorie, sauf à croire que l'homme « normal » est définissable. La seule véritable approche que l'on puisse développer du handicap est sociale et politique. L'ordre de la justice dans la correction des infériorités naturelles reste ainsi à construire socialement. Il n'y a ni principe de procédure ni catégorie scientifique sur lesquels il puisse se fonder avec certitude.

Les différences liées à des variables de *comportement* sortent quant à elles plus facilement du champ de l'équité. Si les disparités résultent de l'action volontaire des hommes, elles sont alors du même coup acceptées. C'est de cette façon que le libéralisme justifie depuis Locke les différences de richesses provenant de l'activité : celui qui a peu travaillé ne peut trouver injuste que celui qui s'est investi dans son labeur soit devenu plus riche que lui. L'équité d'une action compensatrice s'arrête ainsi aux portes de la responsabilité individuelle. Cette claire énonciation des limites de la solidarité reste cependant problématique, pour deux raisons. D'abord parce que le rapport responsabilité/volonté n'est pas toujours simple. La responsabilité est une catégorie morale, clairement identifiable juridiquement, alors que la volonté est d'ordre psychologique. Le défaut de volonté est complexe à analyser. Toute l'histoire de l'individualisme moderne est ainsi traversée par une contradiction entre la consécration du sujet et le constat qu'il est divisé, pour partie étranger à lui-même, habité par un inconscient dont il n'est pas le maître[1]. Mais de façon plus large encore, c'est la distinction entre la sphère de l'inné (les don-

1. Cf. Marcel Gauchet, *L'Inconscient cérébral*, Paris, Éd. du Seuil, 1992.

nées de la nature) et la sphère de l'acquis (celle de la responsabilité individuelle) qui demeure problématique. Le débat sur la justice reste pour une large part un débat sur la ligne de partage entre ce qui relève du comportement des individus et ce qui renvoie à leurs handicaps.

Il n'est donc définitivement pas possible de trouver la voie d'une théorie de la justice purement procédurale, équivalant au principe assuranciel, dès lors que le voile de l'ignorance est irrémédiablement déchiré. Il n'est pas possible non plus d'espérer mettre au point un modèle presque mathématique de la justice en développant par exemple l'idée d'équité fondée sur la responsabilité devant les générations futures. Il n'y a plus d'approche que politique et circonstancielle de la justice. Dès lors que l'on ne se contente pas des définitions les plus minimales (l'égalité de droit) sur lesquelles un État-providence ne saurait s'édifier, force est de constater qu'il n'y a pas de théorie possible de la justice. La justice est toujours incertaine, dérivée du débat public dans lequel se bricole le contrat social. Au-delà de l'ébranlement du système assuranciel qu'il provoque, le déchirement du voile de l'ignorance modifie pour cette raison en profondeur notre vision de la politique, et tout particulièrement de ses rapports avec la sphère du droit.

La règle politique se donne comme règle de droit car elle entend instituer une norme universelle. Les lois sont faites à distance des individus concrets, elles entendent saisir l'homme dans sa généralité ; et elles fondent leur acceptabilité sur cette caractéristique. Mais les choses fonctionnent de moins en moins de cette manière dans les faits. On doit maintenant faire des réglementations politiques dont on sait *qui* elles concernent. Cela conduit à confondre de plus en plus l'exercice de la politique avec celui de la recherche de la justice, à distance plus grande d'une simple gestion passive de la règle de droit. D'où les conflits nouveaux qui structurent en retour notre société. Ce ne sont plus seulement des conflits de répartition, dans une optique traditionnelle de lutte des classes : ce sont de plus en plus des *conflits d'interprétation* sur le sens de la justice[1].

C'est une leçon que l'on peut tirer de nombreux conflits sociaux de ces dix dernières années : la notion de justice ou d'équité prend le pas sur celle de défense des intérêts dans la logique revendicative. Ce n'est pas pure rhétorique, façon de dissimuler un intérêt égoïste derrière une noble valeur. Cela va plus loin. C'est aussi le signe de l'entrée dans un nouvel âge du social, où l'impératif individualiste de l'égalité devant le droit tend à prendre le pas sur la notion de défense des intérêts collectifs. Cela donne une importance nouvelle à la délibération sociale et politique. La gestion des conflits devient désormais inséparable d'un effort pour trouver un consensus sur les catégories du juste et de l'injuste. Pour prendre un exemple, c'est quelque chose qui était très perceptible dans le grand conflit des routiers en 1992. Le mouvement était fondé sur la dénonciation de l'injustice qu'il y avait à doter du même nombre de points sur leur permis de conduire des professionnels qui roulaient 100 000 kilomètres par an et des conducteurs occasionnels. C'est le principe rawlsien d'une égalité dans la distribution des biens primaires qui était refusé dans ce cas. L'enjeu du conflit était de trouver une formule de « différence équitable ». Ces conflits d'interprétation sur le sens de la justice sont maintenant au centre de la vie sociale et politique dans un nombre croissant de pays, compliquant les conflits traditionnels sur la répartition économique.

1. Rappelons que, pour Aristote, la justice désigne un problème qui se caractérise par le fait qu'il n'a pas de solution théorique possible (le juste n'est pas définissable *a priori*) : sa solution est toujours pratique, liée à l'expérience. La justice, en d'autres termes, est toujours une *convention*. En économie, on retrouve l'équivalent de cette réflexion à travers toutes les théories sur les fondements de la valeur. Cf. sur ce point les remarques stimulantes de Cornelius Castoriadis, « Valeur, égalité, justice, politique : de Marx à Aristote et d'Aristote à nous », *Textures*, n[os] 12-13, 1975.

## Solidarité et démocratie délibérative

Peut-on retourner à davantage d'opacité, pour contourner les nouveaux enjeux et rendre plus facile la gestion du social ? Certains en rêvent aujourd'hui, à rebours de toute l'utopie des années 1960 qui voyait dans la visibilité croissante des êtres et des choses la condition d'une démocratie plus apaisée, passant d'un univers passionnel (identifié au règne de l'opacité) à un monde de la discussion rationnelle. Au milieu des années 1960, rappelons-le, l'idéologie démocratique moderniste faisait en effet de l'information le vecteur de la paix sociale, considérant implicitement que les conflits reposaient en fin de compte sur de simples malentendus. C'est dans ce but que le CERC (Centre d'études sur les revenus et les coûts) avait par exemple été mis sur pied pour fournir des bases objectives à une politique globale des revenus. Démocratie et transparence étaient supposées faire automatiquement cause commune[1].

Les choses apparaissent aujourd'hui plus compliquées. On voit en effet chaque jour que c'est au contraire l'information qui est le grand aliment de la protestation sociale. Le propre de l'information est effectivement d'étendre le champ de référence des individus, leur permettant de regarder toujours plus loin dans le jardin du voisin et donc d'évaluer toujours plus

1. Cette vision de la transparence démocratique était également liée au présupposé d'une certaine simplicité du système social. On considérait implicitement que la société était structurée en classes d'intérêts relativement homogènes et qu'une négociation collective centralisée pouvait permettre de traiter tous les conflits potentiels. Le modèle social-démocrate s'est longtemps nourri de cet idéal, d'ailleurs largement mis en pratique dans certains pays d'Europe du Nord. Cf. sur ce point les analyses d'Alain Bergounioux et Bernard Manin, *Le Régime social-démocrate*, Paris, PUF, 1989.

précisément leur situation comparativement à celle d'autres personnes. Or, dans une société complexe, les positions relatives des différents individus et groupes restent toujours discutables. Tant que la société est perçue de façon simplificatrice, structurée en classes supposées homogènes, la question de la justice peut être formulée en termes globaux. Quand cet *a priori* s'est effacé, la société apparaît pour ce qu'elle est : un entrelacs instable de positions individuelles et de multiples classifications économiques, sociales et professionnelles. Lorsque l'idéologie recule et que l'information sur les situations réelles s'accroît, la discussion des positions relatives des uns et des autres s'étend et se diffracte presque à l'infini.

Il y a un mouvement de publicité croissante auquel on ne saurait s'opposer. La publicité complique et renforce à la fois l'exercice de la démocratie. Une société plus transparente est plus instable et plus vulnérable. La transparence peut devenir un piège. Mais c'est un état que l'on ne peut éviter dès lors que l'ordre politique ne se conforme plus seulement à la nature, comme dans les sociétés anciennes, ou au droit, comme dans le premier âge de la société moderne. Production de la solidarité et invention d'une démocratie délibérative vont dorénavant de pair. C'est d'ailleurs la raison pour laquelle la vieille opposition entre droits formels et droits réels, droits politiques et droits sociaux, peut être dépassée, de même que la différence entre l'idée démocratique et l'idée socialiste. C'est désormais du sein d'une théorie élargie de la démocratie que les droits sociaux peuvent être repensés et les droits politiques approfondis, *en même temps*.

Si l'ancienne opacité était par certains aspects une condition de la solidarité, il est de toute façon impossible de la recréer artificiellement. On peut cependant essayer de distinguer deux sortes de connaissances : celles dont les citoyens disposent les uns sur les autres, de façon réciproque, et celles que les grandes organisations ou l'État possèdent de façon univoque sur les citoyens. On pourrait ainsi dissocier transparence sociale et transparence individuelle, même si la frontière entre ces deux notions reste imprécise et variable. C'est la plus grande transparence sociale qui est irréversible, inscrite dans la logique même de la société moderne. Mais il n'en va pas de même pour la transparence individuelle. Si la société démocratique est fondée sur la liberté et l'autonomie des personnes, elle doit préserver leur for intérieur, leur permettre de rester d'une certaine façon fermées à autrui. La démocratie est au contraire liée dans ce cas au maintien d'une *opacité des individus*. La protection des libertés est là l'alliée de la solidarité, comme on le voit dans la réglementation des informations que les assureurs peuvent recueillir sur leurs clients[1].

## La tentation de la victimisation sociale

La reconstruction d'un nouvel État-providence fondé sur un impératif d'ordre civique ne va pas de soi. Cela implique en effet une formulation plus exigeante de la dette sociale, un renforcement du sentiment d'appartenance communautaire ; perspective difficile à intégrer dans un schéma social libéral. D'où

1. Sur le problème particulièrement brûlant des informations génétiques, cf. François Ewald et Jean-Pierre Moreau, « Génétique médicale, confidentialité et assurance », *Risques*, n° 18, avril-juin 1994, ainsi que *Genetic Information and Health Insurance* (Report of the Task Force on Genetic Information and Insurance), Washington, National Center for Human Genome Research, mai 1993. Il faut cependant souligner que les assureurs veulent avant tout se protéger du phénomène d'antisélection (mécanisme dû à l'asymétrie d'information entre assureurs et assurés par lequel, dans une population hétérogène, les plus mauvais risques sont, du fait des informations qu'ils possèdent seuls sur eux-mêmes, les plus gros demandeurs d'un contrat d'assurance donné). Tous les malades cardio-vasculaires s'assureraient, par exemple, au maximum sur la vie si les compagnies d'assurances ne faisaient pas remplir un questionnaire médical.

l'émergence d'un autre modèle, dont on voit très bien la dynamique aux États-Unis : la société de réparation généralisée. Dans ce cas, la redistribution sociale n'est pas assise sur la reconnaissance de droits sociaux à proprement parler : elle dérive d'une radicalisation des droits civils. Ce n'est pas du renforcement du lien national, mais du perfectionnement de la logique individualiste que l'on attend des effets sociaux. Une conception très extensive de la réparation des dommages sert dans ce cas de substitut à un exercice politique de la solidarité.

Dans une société de réparation généralisée, la figure centrale de l'interaction sociale est celle de la *victime* d'autrui et non pas celle du citoyen. On cherche à produire des effets de redistribution sur la base d'une philosophie de l'indemnisation. C'est en radicalisant en quelque sorte le principe de la justice commutative que l'on pense réaliser un équivalent de justice distributive. C'est en étant reconnu comme victime qu'un individu peut prétendre à une compensation. D'où la tendance à étendre sans cesse cette catégorie. Dès lors que l'on ne peut pas espérer grand-chose en tant que pauvre ou défavorisé, il faudra s'ériger en victime pour obtenir une amélioration de sa situation. A leur origine, les notions de victime et d'indemnisation sont purement civiles : elles ressortissent au droit classique de la responsabilité. Mais elles ont fini par constituer le paradigme social central, allant jusqu'à s'appliquer à des groupes entiers.

Ce n'est pas en tant que membres de la cité, et ayant à ce titre des droits sociaux, que les minorités cherchent aujourd'hui à bénéficier de transferts publics aux États-Unis : c'est en mettant en avant leur statut de victimes. Victimes d'un dommage actuel, mais aussi victimes d'une injustice passée. C'est ce qui explique la référence constante à l'esclavage du XIXe siècle par la communauté noire et la mise en avant permanente d'une menace de génocide ou d'holocauste. Les blessures et les souffrances du passé deviennent une sorte de capital. C'est la mémoire de l'infériorité et la théâtralisation du malheur qui constituent dans ce cadre le ressort pervers de la revendication de justice[1]. En 1989, la Cour suprême a ainsi décidé, à la suite de procès, d'indemniser les enfants des Japonais qui avaient été internés dans des camps américains, fondant cette décision sur le fait qu'un préjudice avait été causé à une population déterminée et qu'il était donc légitime de le réparer. Ce n'est plus dans ce cas un impératif d'égalité ou de fraternité qui est mis en avant, mais une exigence de réparation civile (d'autant plus querelleuse et vindicative qu'elle représente la seule espérance de voir sa situation s'améliorer).

Les minorités et les groupes défavorisés réclament aux États-Unis des aides publiques à titre de compensation d'un dommage subi et non pas comme dérivant d'un droit à une certaine part du gâteau national. Les luttes sociales traditionnelles pour la répartition cèdent dans ce mouvement la place à un nouveau type de conflictualité fondé sur l'interprétation des catégories juridiques. C'est devant la Cour suprême et non pas sur le terrain de la lutte des classes que se joue désormais la question de la justice sociale aux États-Unis.

Le dépassement de l'État-providence traditionnel entraîne dans ce cas une « victimisation » générale de la société. La justice est uniquement appréhendée en termes de compensation et de réparation. L'explosion du nombre de procès en responsabilité civile et l'alternative individualiste à l'État-providence ne font plus qu'un du même coup[2]. La notion de risque ou de

1. Cf. sur ce point l'ouvrage classique de Shelby Steele, *The Content of our Character. A New Vision of Race in America*, New York, St Martin Press, 1990. Steele estime dans cet ouvrage que l'usage permanent d'une rhétorique de la victimisation pour fonder les revendications et les droits de la communauté noire a conduit à un affaiblissement de cette dernière, les individus comptant de plus en plus sur la société et de moins en moins sur eux-mêmes pour changer les choses.

2. Cf. Laurence Engel, « Les nouvelles frontières de la responsabilité civile », *Notes de la Fondation Saint-Simon*, février 1993 (repris dans *Esprit*, juin 1993).

malchance n'a plus sa place non plus dans ce cadre. Tout « accident » finit par être imputé à quelqu'un, personne ou « système ». Pour une maladie grave par exemple, on va invoquer la propension à la tuberculose dans les ghettos noirs. Il y a toujours moyen de faire une analyse sociologique du sort. Si l'on veut complètement fonder un *ersatz* d'État-providence sur la figure de la victime, il est nécessaire de toujours pouvoir dénoncer un coupable. Il ne faut pas qu'il y ait hasard malheureux mais, en toute circonstance, détermination sociologique ou historique. La vision libérale de l'indemnisation finit ici paradoxalement par reposer sur une extension indéfinie de l'analyse marxiste de l'économique et du social ! Ce type d'État-providence, façonné par l'individualisme radical et la figure de la victime, marque ainsi un écart croissant avec ce que l'on peut appeler le nouveau modèle politique de l'État-providence.

Les États-Unis suivent actuellement d'une certaine façon la voie inverse des pays européens. En Europe, on l'a rappelé, la construction de l'État-providence s'est historiquement identifiée avec la mise en place d'une société assurancielle fondée sur le principe de socialisation de la responsabilité (passage de la notion de faute à celle de risque). Cette société assurancielle n'a jamais existé aux États-Unis. Même si le président Clinton a prêche un moment pour son avènement avec son projet de réforme de la santé[1], le mouvement de fond des institutions et des mœurs ne va pas dans ce sens. Même la gauche, ceux que l'on appelle outre-Atlantique les libéraux, attendent plus dans leur ensemble d'une extension des droits civils que d'une affirmation des droits sociaux.

Perceptible depuis les années 1970, cette tendance n'a fait que s'accentuer avec l'avènement d'une société multiculturelle. La pensée libérale tend de plus en plus à mettre l'accent

1. Sur le « plan santé » du président Clinton, cf. le chapitre suivant.

sur l'idée d'autonomie : le principe de base de la vie sociale devient de donner à chaque individu, et à chaque groupe, la possibilité de vivre selon les principes et avec le mode de vie qu'il souhaite. Les valeurs sociales centrales sont la tolérance beaucoup plus que la solidarité et l'impartialité beaucoup plus que l'égalité[1]. La « bonne société » est celle qui permet la coexistence pacifique des différences ; ce n'est plus celle qui assure l'insertion. Le principe de citoyenneté n'implique plus une exigence de redistribution dans ce cadre, il se réduit à la confiance commune dans la loi civile organisatrice de l'autonomie.

A la limite, la société devient pensée avec les principes anciens du droit des gens, quand ceux-ci cherchaient à définir au XVIIe siècle les conditions de la paix entre nations, c'est-à-dire entre corps politiques séparés. Les États-Unis tendent du même coup à se transformer en un assemblage de quasi-nations[2] qui se contentent de mettre en place un simple *modus vivendi*. C'est donc un modèle complètement aux antipodes de celui qui fonde le renouveau de l'État-providence sur la figure du citoyen.

1. Cette question de la tolérance est au centre du dernier ouvrage de John Rawls, *Political Liberalism* (New York, Columbia University Press, 1993) qui marque une nette inflexion par rapport à sa *Théorie de la justice*. *Political Liberalism* rend plus manifeste l'enracinement de la pensée de Rawls dans l'expérience constitutionnelle américaine. Son interrogation principale concerne dorénavant les conditions de viabilité d'une société multiculturelle : le problème essentiel à résoudre, explique-t-il, est de « savoir comment il est possible que puisse exister une société juste et libre, formée de citoyens égaux, si elle est profondément divisée religieusement, philosophiquement et moralement » (p. XXV).

2. On y parle d'ailleurs significativement de « nation noire » ou de « nation indienne ». Cf. les analyses d'Andrew Hacker, *Two Nations : Black and White, Separate, Hostile, Unequal*, New York, Macmillan, 1992 (faisant bien sûr écho à Disraeli, qui considérait en 1845 dans son roman *Sybil or the Two Nations* les riches et les pauvres comme formant en Angleterre deux nations séparées).

## Refaire nation

La vie politique de la démocratie et la vie sociale vont s'identifier de façon croissante. L'État-providence devient d'une certaine manière toujours plus directement politique. La recherche de la justice est désormais immédiatement arbitrage social et délibération démocratique, recherche d'un chemin commun entre un enchevêtrement de préférences individuelles, d'échelles de valeurs, de concepts. Elle est en un mot effort pour parler une même langue et s'accorder sur les formes de la dette sociale.

L'État-providence doit être repensé dans son lien à une conception de la nation comme espace de redistribution acceptée. Hors de là, en effet, il n'y aurait place que pour la règle minimale de garantie des indépendances individuelles sur laquelle se fondent à une autre échelle les rapports entre les nations. C'est seulement dans la perspective d'une *solidarité substantielle* que peut se construire l'État-providence sans lequel l'idée même de nation ne saurait subsister que sous ses espèces archaïques.

L'exemple canadien est là très intéressant. C'est l'État-providence qui a maintenu au Canada le sentiment d'une certaine cohésion nationale dans les périodes où le lien fédéral apparaissait politiquement fragile. L'État-providence n'y a pas seulement servi à assurer la prestation de biens collectifs et à réduire les tensions de la société industrielle : il a contribué à assurer une certaine intégration dans une société aux régionalismes parfois exacerbés. Certains observateurs ont même expliqué que ce sont les liens qui reliaient chaque Québécois à l'État-providence qui ont conduit à l'échec du référendum de 1980 sur la souveraineté-association du Québec : le lien vécu de l'implication et de la solidarité sociales avait été plus fort que le sentiment politique et culturel de la séparation[1].

Il est aujourd'hui impossible de préserver l'État-providence sans « refaire nation » d'une certaine façon, c'est-à-dire sans revivifier le socle civique sur lequel s'enracine la reconnaissance d'une dette sociale mutuelle. Peut-être est-ce d'ailleurs ce fait qui permet d'expliquer en profondeur la difficulté de mettre en place un État-providence dans certains des pays du tiers monde. S'il est impossible de développer un système assuranciel sans développement économique et généralisation du salariat, le défaut d'État-providence solidariste tient principalement au caractère superficiel de l'identité collective. Lorsque le sentiment national dérive surtout de l'appropriation individuelle de symboles valorisants (sur le mode de l'identification à des sportifs ou à des vedettes par exemple) ou lorsqu'il procède d'une simple opposition à des tiers, il ne permet pas de fonder des obligations réciproques. La nation n'est alors comprise que sur le mode d'un bloc idéalisé, présupposé unifié et homogène. Elle n'est pas appréhendée comme un espace de redistribution à faire vivre. On la comprend comme un donné alors qu'elle est à construire. La perversion populiste de l'idée de nation tient à cet escamotage de la dimension démocratique-solidariste. On valorise l'unité du peuple en exaltant le rejet de l'étranger pour éviter de penser les termes de la dette sociale intérieure.

L'État-providence, en même temps qu'il s'émancipe de la sphère du travail et s'avère plus « ouvert » d'une certaine façon, peut ainsi devenir plus « fermé » d'un autre côté : les progrès de la solidarité risquent d'aller de pair avec la distinction plus tranchée d'un intérieur et d'un extérieur. L'espace politique de la citoyenneté est en effet déterminé, rigide, alors

1. Cf. Alan Cairn et Cynthia Williams (ed.), *Constitutionalism, Citizenship and Society in Canada*, University of Toronto Press, 1985, 2 vol.

que l'espace économique est variable, flexible. A terme, cela va confronter nos sociétés à des problèmes nouveaux. Que l'on soit français, espagnol ou malien ne changeait rien à l'attribution d'allocations, dès lors que celles-ci constituaient la contrepartie de prélèvements sur les revenus d'un travail. Mais que va-t-il se passer dans l'avenir avec un système des prestations qui sera moins fondé sur la logique d'un retour de cotisations ? La question n'a pas encore été posée[1]. Au cours du débat sur la mise en place du revenu minimum d'insertion (RMI), elle n'a, par exemple, pas été sérieusement prise en compte. Il y a pour cette raison un risque non négligeable que se forme un jour de façon brutale une réaction « nationaliste » en matière sociale, réaction paradoxalement provoquée par une conscience plus vive du lien social. Le progrès solidariste peut ainsi être porteur d'un certain archaïsme. Dans la Rome ancienne, le droit au *frumentum publicum* était par exemple strictement lié au droit de cité. Il était nécessaire d'être citoyen de plein droit pour pouvoir bénéficier de ces distributions alimentaires (appelées aussi annones publiques)[2]. Il faudra ainsi veiller dans l'avenir à ce que l'expression de la solidarité ne s'accompagne pas des relents pervers d'un nationalisme étroit.

Les sociétés européennes sont aujourd'hui marquées par une contradiction. Elles ont besoin d'un côté de refaire nation, de se tourner à l'intérieur d'elles-mêmes pour renforcer les liens

1. Sans être strictement fondé sur la nationalité, le droit à la protection sociale est dérivé du fait de la vie commune. Un arrêté du Conseil constitutionnel français en date du 13 août 1993 précise que « les étrangers jouissent des droits à la protection sociale, dès lors qu'ils résident de manière stable et régulière sur le territoire français ». Cf. J.-J. Dupeyroux et Xavier Prétot, « Le droit de l'étranger à la protection sociale », *Droit social*, janvier 1994. Mais il faut bien sûr distinguer le droit à la Sécurité sociale, fondé sur le versement de cotisations, du droit à l'aide sociale.

2. Cf. l'article très substantiel de Jean-Michel Carrié, « Les distributions alimentaires dans les cités de l'empire romain tardif », *Mélanges de l'École française de Rome (Antiquité)*, t. 87, 1975.

de solidarité, et elles doivent, de l'autre, s'ouvrir économiquement davantage à l'extérieur. Il faut à la fois plus et moins de nation d'une certaine façon. Plus de « nation sociale » pour raffermir le ciment politique et moins de « nation économique » pour développer l'économie. Les deux impératifs ne sont pas faciles à concilier. C'est d'ailleurs là que les tensions qui se sont exprimées au moment de la ratification du traité de Maastricht trouvent leur origine. Il sera pourtant nécessaire de tenir les deux bouts de la chaîne.

## Dramatiser le contrat social

Nous avons besoin de « l'équivalent moral d'une guerre », estimait au début du siècle l'Américain William James en déplorant la montée des égoïsmes et de l'incivisme dans la société de son temps[1]. Ce n'est qu'à cette condition, jugeait-il, que l'Amérique pourrait retrouver force et cohésion. Historiquement, nous l'avons vu, l'État-providence a eu partie liée avec la guerre. Il n'a pas seulement été engendré par la croissance des Trente Glorieuses. Si cette dernière a rendu possible son développement ultérieur, elle n'est pas la cause de sa mise en place initiale dans les États occidentaux en 1945. C'est « l'élan de fraternité et de rapprochement des classes » qui marque la fin de la guerre, pour reprendre l'expression de l'époque que nous avons déjà citée, qui rend alors possibles les nouvelles formes d'institutionnalisation de la solidarité.

Faut-il aujourd'hui provoquer le retour à cet « équivalent moral » pour refonder l'État-providence sur une base plus soli-

1. William James, « The Moral Equivalent of War », in *The Writings of William James*, New York, Modern Library, 1968.

dariste ? C'est la question que l'on doit se poser. « Les défenseurs de l'État-providence, écrivait récemment dans ce sens Michael Walzer, cherchent à institutionnaliser et à perpétuer le sens de l'entraide qui apparaît dans une crise collective, l'esprit de mutualité qui se manifeste entre citoyens confrontés à une inondation, un ouragan ou même une attaque ennemie[1]. » Mais comment y arriver ? Dans les années 1960 on avait cherché à recréer cet esprit en parlant de « guerre contre la pauvreté ». Aujourd'hui, on évoque parfois la guerre contre le chômage pour tenter de mobiliser les énergies ou on appelle gravement de ses vœux un discours politique que l'on souhaite « churchillien ». Mais on voit bien que cela tourne un peu à vide, tant les petits arrangements et le maintien des intérêts corporatifs reprennent facilement le pas sur l'intérêt général.

Nos sociétés sont devenues moralement de plus en plus schizophrènes, faisant paisiblement coexister la compassion sincère devant la misère du monde et la défense farouche des intérêts acquis. Le dépérissement de l'espace proprement civique en est la cause : la solidarité n'est plus assez fortement structurée par lui. Le sentiment de solidarité a du même coup du mal à s'exprimer de façon cohérente, il « flotte » en quelque sorte entre le très proche et le très lointain. Au-delà des effets liés à la spectacularisation du malheur, le développement de l'« humanitaire » en est le symptôme[2]. C'est pourquoi il ne pourra pas y avoir d'État solidariste-providence sans reconstruction du sens civique, entendu comme sens de l'appartenance à un monde commun. Ce n'est pas seulement la mobilisation qui manque, c'est le substrat de celle-ci, c'est-à-dire la nation.

1. Michael Walzer, « Socializing the Welfare State », *in* Amy Gutmann (ed.), *Democracy and the Welfare State*, Princeton, Princeton University Press, 1988, p. 17.

2. Cf. Luc Boltanski, *La Souffrance à distance. Morale humanitaire, médias et politique*, Paris, Métailié, 1993.

Il sera impossible de recréer de la solidarité sans trouver un nouveau ciment collectif. Le problème est que les lieux de ce que l'on appelle le civisme ordinaire – la conscription, l'école, le quartier même – se sont progressivement décomposés. Les institutions dans lesquelles l'individu pouvait se projeter pour s'identifier à la nation (que l'on songe autrefois à l'armée) sont devenues plus fragiles et plus banales. Comment refaire nation dans ces conditions ? Comment recréer de l'espace civique ? Là où il n'existe pas, comme aux États-Unis, certains appellent de leurs vœux la mise en place d'un système de conscription[1]. Peut-on rêver pour autant à un civisme ancien, martial et fraternel ? Probablement pas. Cet âge est définitivement passé. Nous ne retournerons pas à une société supposée communautaire. On voit bien d'ailleurs que l'identification des individus à la nation a progressivement changé de nature. L'utilité et la compassion se sont substituées à la vieille notion de sacrifice. Là où elle existe, la conscription est ainsi souvent remise en cause[2]. Dans les sociétés individualistes-démocratiques, les gens sont moins prêts à mourir pour la patrie. L'attitude des opinions publiques dans les grands conflits de la fin du XXe siècle l'a amplement souligné. Le sens civique ne procède plus principalement de l'oubli de soi, il s'exprime de façon plus complexe. La sympathie décrite par Adam Smith dans sa *Théorie des sentiments moraux* et la dette sociale théorisée par Rousseau ne peuvent dorénavant plus être séparées. La faveur

1. Cf., par exemple, Morris Janowitz, *The Reconstruction of Patriotism : Education for Civic Consciousness*, Chicago, Chicago University Press, 1983. Dans une optique différente, Mickey Kaus appelle de ses vœux le renforcement d'un « civic liberalism » (qu'il oppose au « money liberalism ») dans son ouvrage *The End of Equality*, New York, Basic Books, 1992.

2. 85 % des Français se déclarent, par exemple, hostiles à la conscription et favorables à une armée de métier (sondage Louis Harris, *Le Figaro* du 3 septembre 1994). On notera en même temps qu'une écrasante majorité (89 %) estime anormal qu'un appelé participe « à une opération militaire conduite par la France à l'étranger et pouvant comporter des risques ».

dont semble jouir l'idée de *service civil* témoigne de cette évolution[1].

Il faut ainsi se garder de croire que l'on peut recréer par décret l'équivalent moral d'une guerre. C'est par des voies plus ordinaires qu'il faut tâcher aujourd'hui de refaire nation. Mais on n'évitera pourtant pas la nécessité de dramatiser le contrat social pour aller de l'avant. Une certaine théâtralisation de la dette sociale reste en effet toujours une des fonctions essentielles du politique. La politique a pour tâche de contribuer à mettre en forme le lien social, en le rendant plus lisible et plus visible.

1. D'après le sondage cité ci-dessus, 93 % des personnes interrogées se disaient favorables à un service civil (dans la police, l'action sociale, l'environnement, etc.), 80 % estiment en outre qu'il devrait être ouvert aux femmes.

CHAPITRE III

# LES VOIES NOUVELLES DE LA SOLIDARITÉ

De l'assuré social au contribuable

La distinction assurance/solidarité

Le grand soir fiscal

Le danger de réduire le social à l'exclusion

La question des classes moyennes

L'État-providence sélectif

La matière de la solidarité

Réinventer le prélèvement

Le déclin de la société assurancielle ne signifie pas que l'univers des assurances sociales est voué à disparaître. Les procédures assurancielles restent bien sûr incontournables. Elles constitueront toujours une des formes modernes d'institution du lien social. Mais leur rôle sera moins central. Elles ne pourront plus incarner ni la principale technique de gestion de la solidarité ni le principal mode philosophique de représentation de la cohésion sociale. C'est vers la valorisation de la citoyenneté sociale que revient maintenant le balancier. Cette évolution a une conséquence matérielle incontournable : le glissement progressif vers l'impôt d'une partie du financement de l'État-providence. Il ne sera pas possible d'y échapper, même si les dépenses sanitaires et sociales se trouvaient mieux maîtrisées dans l'avenir[1].

1. Cf. sur ce point, que nous n'abordons pas, François Stasse, « Comment maîtriser les dépenses de santé ? », *Le Débat*, mars-avril 1994, ainsi que le rapport *Santé 2010* élaboré par le groupe « Prospective du système de santé », présidé par Raymond Soubie (Commissariat général du Plan, La Documentation française, juin 1993).

## De l'assuré social au contribuable

La substitution de la figure du contribuable à celle de l'assuré social est accélérée par deux facteurs. La dissociation entre le nombre de cotisants et le nombre des ayants droit sociaux ne fait, d'abord, que s'accroître. Pas uniquement à cause du chômage ; pour des raisons sociologiques profondes aussi : croissance du nombre des étudiants, multiplication des familles monoparentales, etc. Le nombre d'individus socialement autonomes mais économiquement dépendants augmente sans cesse. Mais pour des raisons économiques surtout : pour favoriser l'emploi, l'État est entré dans une spirale de l'exonération qui est devenue perverse. L'exonération n'est plus l'exception ; elle tend, à la limite, à être considérée comme un objectif global.

Tout le monde s'accorde par ailleurs pour reconnaître qu'il est décisif de diminuer le coût du travail peu qualifié si l'on veut lutter efficacement contre le chômage. Comme il y a un consensus en France pour ne pas réduire le salaire minimum net, c'est donc obligatoirement par une exonération plus ou moins large des cotisations sociales que passera cette réduction du coût du travail. Si l'on note que les personnes payées au SMIC représentent à l'heure actuelle 8 % des salariés, on mesure l'énorme effet de déséquilibre qu'aura sur les comptes de la Sécurité sociale une telle opération. L'appel à l'impôt ne pourra qu'en être accéléré.

Tout concourt ainsi à mettre à l'ordre du jour la fiscalisation progressive des dépenses sociales, pour la maladie, le chômage et l'invalidité en tout cas, le cas des retraites devant être traité séparément. Des voix très diverses se sont mêlées pour soutenir cette orientation. Elle a donc pris sérieusement consistance dès 1990 avec l'adoption de la contribution sociale généralisée (CSG). Pour la première fois un prélèvement assis sur les revenus et destiné à financer la Sécurité sociale était ouvertement mis en place dans une perspective structurelle longue. Dès sa naissance, la CSG était en effet considérée par ses promoteurs comme ouvrant la voie à un mode de financement alternatif à celui des cotisations sociales, et pas seulement comme un outil circonstanciel destiné à combler un déficit momentané. A l'automne 1993, le Premier ministre, Édouard Balladur, en appelait aussi à l'impôt pour financer la Sécurité sociale. La question est maintenant bien inscrite sur l'agenda politique.

Cette évolution ne se fera pas facilement. Elle heurte d'abord de front des intérêts syndicaux. La gestion paritaire des différents organismes de protection sociale représente en effet un acquis jugé essentiel par les syndicats : par les commodités matérielles (reclassement des permanents, etc.) qu'elle offre ; mais surtout par la puissance de légitimation qu'elle confère et par la centralité sociale qu'elle assure. La fiscalisation, quel qu'en soit le mode, saperait à la base cette position. C'est en effet le Parlement qui se trouverait désormais au centre du jeu, puisque c'est lui qui discute et vote l'impôt. On peut certes souligner que les partenaires sociaux n'ont actuellement qu'un pouvoir de façade, puisque c'est en fait le gouvernement qui conserve le pouvoir de décision finale. Mais le transfert de légitimité n'en resterait pas moins symboliquement très fort. Il deviendrait clair que la Sécurité sociale n'est plus l'affaire des « partenaires sociaux », mais qu'elle devient celle de tous les citoyens, représentés par le Parlement.

La difficulté essentielle pour opérer un tel transfert tient cependant à un facteur autrement plus déterminant : sa faisabilité politique. Si l'on admet que le financement de la protection sociale par des cotisations assises sur le travail a trouvé ses limites, le basculement vers l'impôt n'est en effet pas évident. Si l'allergie fiscale est déjà forte aujourd'hui, ne risquons-nous pas d'aller dans l'impasse en envisageant un transfert, voire un accroissement supplémentaire des prélèvements ? Ne nous dirigeons-nous pas inéluctablement vers une généralisation de la « crise fiscale » de l'État-providence, comme l'ont connue certains pays dès les années 1970[1] ? Il ne servirait à rien d'exalter la figure du citoyen si celle du contribuable devait se dérober.

On ne pourra pas gérer simplement le passage de l'assuré social au contribuable. Il faut se garder à cet égard de deux illusions. La première est d'ordre technique. Elle consiste à estimer que la séparation claire et nette des champs de l'assurance et de la solidarité suffirait à résoudre la question, la gestion de la solidarité devenant moins coûteuse en ayant son champ mieux circonscrit. La deuxième est de nature politique. Elle réside dans la croyance qu'une réforme fiscale globale permettrait de lier simplement justice et efficacité en rationalisant la structure du prélèvement. Il convient de démonter ces deux illusions avant de réfléchir aux formes praticables de la production de la solidarité.

## La distinction assurance/solidarité

Il faut dissocier l'assurance et la solidarité : ce mot d'ordre est en passe de devenir un des lieux communs les mieux partagés de cette fin de siècle. Tout y concourt, les contraintes gestionnaires comme les incertitudes philosophiques. Certains y

1. Cf. James O'Connor, *The Fiscal Crisis of the State*, New York, 1973. Cf. également Robert Kuttner, *Revolt of the Haves. Tax Rebellion and Hard Times*, New York, 1980.

voient le moyen privilégié d'enrayer la croissance des dépenses de santé, tandis que d'autres imputent à la confusion de l'assurance et de la solidarité la crise de légitimité qui affecte actuellement le système de protection sociale. Les réalités institutionnelles pèsent d'ailleurs très lourd pour justifier une telle dissociation. Ce sont aussi les partenaires sociaux qui, soucieux de préserver leurs fonctions dans la gestion du système social, se sont mis à appeler de leurs vœux une distinction clairement marquée entre une protection sociale fondée sur une logique d'assurance, qui resterait gérée par eux, et des mécanismes dits de solidarité (protection sociale minimale universelle), qui seraient du ressort de l'État. La réforme de l'assurance chômage en 1984 a été dans ce sens, comme la création quelques années plus tard d'un fonds de solidarité pour la vieillesse[1]. Mais l'heure est peut-être venue d'interroger une proposition apparemment aussi consensuelle. Derrière une apparence d'évidence et de clarté, elle masque en effet bien des ambiguïtés.

On distingue souvent mal les valeurs et les techniques de gestion quand on se contente d'opposer sans autre précision assurance et solidarité. L'assurance est une technique, alors que la solidarité est une valeur. Elles ne sont donc nullement antithétiques : l'assurance est aussi un mode de production de la solidarité. D'un autre côté, le financement des assurances sociales peut s'inscrire dans des dispositifs très variables : il peut être strictement contributif ou fortement solidariste. Dès que l'on regarde les choses d'un peu près, on s'aperçoit ainsi que l'opposition assurance / solidarité n'est guère opératoire. D'où vient alors sa popularité ? Au-delà des facteurs que nous avons déjà mentionnés, il faudrait souligner l'attrait qui procède de sa dimension utopique implicite. Elle véhicule l'idée

1. Fonds prenant en charge les prestations vieillesse non contributives et financé par les ressources procurées par l'augmentation du taux de la CSG.

que l'on pourrait clairement séparer les sphères du social et du politique, du marché et de la citoyenneté, de la justice commutative et de la justice distributive. Or les choses ne sont jamais aussi simples dans les faits.

D'une certaine façon, tout est redistribution dans le fonctionnement économique et social. Il n'y a pas les échanges ordinaires d'un côté et la redistribution de l'autre. C'est vrai dans tous les domaines, y compris dans celui des retraites. Même la retraite par capitalisation est une forme de redistribution par exemple. Il est en effet faux de penser que le rendement économique à long terme des retraites par capitalisation soit uniquement fonction des décisions de l'investisseur. Si j'investis à 50 ans, ce ne sont pas mes décisions qui détermineront le résultat de l'investissement, mais l'activité économique des générations futures. Même si les efforts sont individualisés, leur résultat a toujours une dimension sociale.

Il faut donc prendre garde à ne pas adopter une vision dogmatique de la distinction entre assurance et solidarité. La recherche d'un partage simple des responsabilités entre l'État, chargé de financer par l'impôt la solidarité, et les partenaires sociaux, auxquels reviendrait la gestion des dépenses d'assurance, ne doit pas conduire à durcir la séparation de ces deux figures. On a déjà amplement souligné que, dans les faits, l'interpénétration des deux ordres de réalité était croissante. C'est également ce que permet de comprendre la théorie économique.

Pour définir économiquement le champ de l'assurance, on prend ordinairement pour référence la règle de contributivité, équivalant dans le jargon de la protection sociale à la règle de « neutralité actuarielle » en assurance privée, qui prescrit pour chaque assuré la proportionnalité entre les prestations obtenues et les cotisations versées. Or cette règle de contributivité est loin d'être claire. Elle se heurte à deux types d'objections : d'une part, en règle générale, il n'y a pas d'argument d'efficacité économique qui interdise des redistributions entre catégories d'assurés ; d'autre part, et surtout, la distinction entre assurance et redistribution repose sur une typologie purement conventionnelle des états de la nature aléatoires ; ce sont des catégories définies *a priori* qui servent de ligne de séparation[1].

On peut passer d'une vision assurancielle à une vision solidariste selon le critère retenu. En matière de retraites, par exemple, la règle stricte de contributivité implique de lier le montant des pensions aux salaires actualisés de toute la vie. Le simple fait de choisir comme référence les dix meilleures années biaise la contributivité (les courbes de carrière étant fort différentes, certains voyant une accélération de leur rémunération à la fin de leur vie professionnelle, alors que d'autres stagnent). Le type d'aléa pris en compte – l'espérance de vie – peut par ailleurs être modifié par l'élargissement ou le rétrécissement de la population de référence. Pour l'économiste, l'assurance n'est ainsi qu'une modalité particulière de la redistribution et de la solidarité. Ce sont seulement les types de risques et les modalités de la péréquation qui distinguent « neutralité actuarielle » et « solidarité civique ». Le problème actuel n'est donc pas tant d'opposer deux techniques, comme si elles caractérisaient des sphères étrangères l'une à l'autre, que d'appréhender le processus général et multiforme qui conduit à modifier globalement l'exercice de la solidarité sociale.

## Le grand soir fiscal

L'impôt sur le revenu a toujours été au centre de l'imaginaire politique de la gauche. C'est notamment le cas en France où sa mise en place, en 1914, fut précédée de vingt ans d'âpres

1. Je suis sur ce point les remarques pertinentes de Laurent Caussat, « Retraite et correction des aléas de carrière », à paraître dans *Économie et Statistique*, 1995.

batailles parlementaires. Depuis, la transformation de l'impôt sur le revenu a incarné pour les socialistes la réforme par excellence. Faute de pouvoir révolutionner directement l'économie, on espérait grâce à lui modifier la société par la redistribution. A défaut de grand soir politique, on rêvait d'un grand soir fiscal. L'alourdissement des taux supérieurs de l'impôt sur le revenu a ainsi été au cœur des programmes politiques de la gauche pendant un siècle. De telle sorte que l'opposition entre la droite et la gauche a parfois semblé pouvoir se résumer à cette question. Cette vision de l'impôt sur le revenu comme opérateur central du réformisme reste encore très présente. Mais elle a pourtant été très fortement ébranlée dans les années 1980. Le cas français est à cet égard exemplaire.

Jusqu'au début des années 1980, le *credo* fiscal de la gauche était simple : il fallait techniquement accroître les impôts directs et baisser les impôts indirects, jugés plus injustes parce que moins redistributifs ; il fallait socialement augmenter la pression fiscale sur les classes aisées et la réduire sur les classes populaires. La mise en place en 1982 de l'impôt sur les grandes fortunes[1] a satisfait à ces deux conditions. Mais ce symbole est resté isolé. La gauche au pouvoir s'est globalement révélée incapable d'opérer la grande réforme fiscale qu'elle appelait auparavant de ses vœux. Si elle a prolongé le mouvement antérieur d'exonération des bas revenus (65 % des ménages étaient imposables sur le revenu en 1980 et seulement 50 % dix ans plus tard), elle s'est progressivement ralliée à une politique de réduction de la pression fiscale pour les revenus moyens et élevés. L'impôt sur le revenu a paradoxalement fini par avoir en France un des rendements les plus faibles au sein des pays développés[2] ! Cette situation ne pro-

1. Devenu l'ISF (impôt sur la fortune) en 1988 lors de sa recréation (l'IGF avait été supprimé par la droite en 1986).

2. Pour une mise au point technique, cf. Jean Bensaïd et Éric Desquesses, « La réforme de l'impôt sur le revenu : une mise en perspective », *Économie*

vient pas seulement d'une concession aux pressions catégorielles, d'un enlisement progressif dans une perspective gestionnaire ou d'une conversion résignée au libéralisme. Elle résulte d'abord de l'effondrement devant les faits d'une vision largement fantasmatique de la société.

La conception traditionnelle du socialisme a été historiquement liée à une représentation dualiste de la société opposant les gros et les petits, les bourgeois et les prolétaires, les capitalistes et les classes laborieuses. Faute de penser la société réelle dans sa complexité, la gauche n'a pas été capable d'agir sur elle. La gauche a ainsi d'abord été prisonnière de ses mythes. Du même coup, elle n'a pas été capable de penser *pratiquement* la solidarité. Elle est passée silencieusement du fantasme à la réalité, de façon presque honteuse, ne se donnant pas les moyens de sortir de l'oscillation mortelle entre une idéologie dépassée et un pragmatisme flottant. D'où l'importance de l'effondrement du mythe de la réforme fiscale comme opérateur central du changement social dans les années 1980. Il a en effet exprimé de la façon la plus visible et la plus exemplaire l'épuisement de la vision socialiste traditionnelle. Le développement de l'exclusion invite-t-il à modifier ce jugement, faisant retourner la société vers une sorte de coupure simple et archaïque entre un « dedans » et un « dehors », qui commanderait à nouveau la compréhension et l'action ?

## Le danger de réduire le social à l'exclusion

Chômage de longue durée, nouvelle pauvreté, sans-abri : depuis une dizaine d'années, la montée de l'exclusion a constitué le fait

---

*et Prévision*, n[os] 110-111, 1994, et Gérard Malabouche, « Le système des prélèvements est moins progressif en France qu'à l'étranger », *Économie et Statistique*, mars 1991.

social majeur. La « question sociale » s'est du même coup déplacée : on est passé d'une analyse globale du système (en termes d'exploitation, de répartition, etc.) à une approche focalisée sur le segment le plus vulnérable de la population. La lutte contre l'exclusion a polarisé toute l'attention, mobilisé les énergies, ordonné la compassion. L'importance inédite prise par les organisations caritatives constitue un des symptômes de ce basculement. Ces organisations ont puissamment contribué à remodeler l'imaginaire social collectif, théâtralisant une grande coupure entre deux mondes implicitement considérés comme homogènes.

L'invitation à lutter contre l'exclusion a ainsi simplifié le social, certainement beaucoup trop. La dynamique sociale ne saurait en effet être réduite à l'opposition entre ceux qui sont « dedans » et ceux qui sont « dehors ». On peut même dire que notre compréhension de la société est aujourd'hui biaisée par la polarisation de toutes les attentions sur les phénomènes d'exclusion. Même si l'on doit considérer à juste titre que l'exclusion constitue le phénomène social majeur de notre temps, elle n'épuise pas la question sociale. La juste dénonciation de la pauvreté et de la misère du monde ne doit pas dispenser d'une approche plus globale des tensions et des contradictions qui traversent la société.

Deux autres problèmes apparaissent essentiels. Le premier concerne la déstabilisation générale de la condition salariale. La fragilisation multiforme du salariat (précarité, flexibilité) modifie aussi en profondeur notre société. C'est ainsi en son centre, et pas seulement dans ses marges, qu'il faut la considérer. Robert Castel n'hésite pas à dire à ce propos : « Le problème le plus grave n'est peut-être pas celui du chômage. Je ne dis pas cela pour dédramatiser les trois millions de chômeurs, mais pour inviter à regarder en amont du chômage, la dégradation de la condition travailleuse[1]. » Cette mise en garde

1. Cf. Robert Castel, « La déstabilisation de la condition salariale », *Alternatives économiques*, février 1994.

provocante est d'autant plus appropriée que c'est bien la fragilisation de cette masse centrale qui finit par alimenter la croissance du nombre des exclus. L'exclusion est le résultat d'un processus, elle n'est pas un état social donné, il ne faut pas l'oublier.

Le second problème est celui que l'on pourrait appeler « la question des classes moyennes » : il résulte de la coupure croissante qu'il y a entre la logique des politiques sociales, qui est de se concentrer de plus en plus sur le monde des exclus, et la logique politique et fiscale qui fait des classes moyennes le pivot du fonctionnement social. C'est aussi à cette aune qu'il faut évaluer les problèmes posés par la reconstruction de la solidarité. La faisabilité politique du passage de l'assuré social au contribuable en dépend au premier chef.

## La question des classes moyennes

Au début de 1990, le gouverneur démocrate du New Jersey, Jim Florio, déclara que la lutte contre la pauvreté constituait l'action prioritaire à mener. Pour ce faire il augmenta fortement les taux moyens et supérieurs de l'impôt sur le revenu de l'État, réduisit drastiquement les subventions aux écoles des zones favorisées pour accroître les aides aux segments les plus défavorisés de la population. Un véritable mouvement de révolte traversa les classes moyennes, trouvant qu'elles payaient plus pour un État qui leur en donnait moins. Les candidats démocrates au Sénat et à la Chambre des représentants furent sévèrement battus à l'élection suivante. L'histoire résume bien la nouvelle question des classes moyennes, telle qu'elle apparaît aux États-Unis depuis une dizaine d'années. Une foule d'articles et de livres a été consacrée au problème[1]. La plupart d'entre eux y ont vu la cause majeure du déclin du Parti démocrate dans les années 1980.

Dans un des ouvrages les plus remarqués, publié en 1991, *Chain Reaction*[2], Thomas et Mary Edsall ont vu dans les transformations de l'État-providence le vecteur principal du basculement politique à droite de l'Amérique. La force du Parti démocrate était historiquement liée d'après eux à sa capacité d'incarner une « coalition progressiste » entre la population noire et une grande partie de la classe moyenne blanche. Cette coalition était cimentée par une philosophie keynesienne de l'État, héritée de l'ère Roosevelt. Elle s'est décomposée dans les années 1980 pour une raison très simple : les démocrates se sont de plus en plus identifiés aux seules « minorités », et ils ont semblé exprimer en priorité les demandes spécifiques de ces groupes. Ils tendaient du même coup à mettre au second plan de leurs propositions les programmes sociaux universalistes pour revendiquer en priorité des actions ciblées sur des populations spécifiques. D'où l'arrivée à ce « point d'ébullition[3] » des classes moyennes, fatal aux démocrates.

Les problèmes se posent-ils dans les mêmes termes en France ? L'inflation des dépenses y conduit aussi à poser la question du ciblage des politiques sociales. Il faut cependant

1. Cf. Kevin Philipps, *Boiling Point. Republicans, Democrats, and the Decline of Middle-Class Prosperity*, New York, Random House, 1993 ; Marvin Kosters et Murray Ross, « A Shrinking Middle Class », *The Public Interest*, hiver 1988 ; E. J. Dionne, *Why Americans Hate Politics*, New York, Simon and Schuster, 1991.

2. Cf. Thomas et Mary Edsall, *Chain Reaction. The Impact of Race, Rights, and Taxes on American Politics*, New York, Norton, 1991. Un des concepts les plus repris des Edsall a été celui de « top-down coalition ». Il désigne les coalitions que forment les classes aisées et moyennes, pour essayer de faire rejeter les programmes sociaux dont elles sont les seules à payer le financement. Cf. également Peter Brown, *Minority Party : Why the Democrats Will Lose in 1992*, New York, Regnery Gateway, 1991.

3. En référence au titre du livre de Kevin Philipps.

distinguer ici deux sphères très différentes de la politique sociale : ce qui relève du régime assuranciel-solidariste et ce qui concerne les régimes d'aides sociales. La perception de leur rapport n'est pas la même qu'aux États-Unis. La notion d'État-providence évoque principalement aux États-Unis l'aide sociale, alors qu'elle renvoie d'abord en France au système des assurances sociales (d'où d'ailleurs le fait que l'expression État-providence n'y est pas complètement adaptée *stricto sensu*). En France, il est difficile d'envisager un ciblage de la couverture sociale en matière de santé. Sur le plan juridique, car elle dépend d'un principe contributif, même si celui-ci tend à se diluer. Mais pour des raisons politiques surtout : cela conduirait à faire souffler un vent de révolte au sein des classes moyennes salariées, ouvrant la voie à toutes les aventures.

Les choses se posent dans des termes différents en matière d'allocations sociales. Une partie seulement d'entre elles est soumise à des conditions de ressources (les allocations familiales ou l'allocation parentale d'éducation restent ainsi versées à tous sans conditions). Mais le nombre des allocations soumises à des conditions de ressources n'a cessé de s'accroître depuis les années 1970 : allocation logement, complément familial, allocation de parent isolé, allocation de rentrée scolaire, allocation pour jeune enfant. Un nombre croissant de ménages trouvent du même coup injuste de se voir exclus de prestations sociales ou familiales et se considèrent comme maltraités, voire défavorisés, comparativement à des foyers plus modestes qui cumulent complément familial, allocation logement, allocations scolaires, etc. Les individus n'évaluent pas dans ce cas la justice dans ses principes (la règle et son intention) mais dans les effets pratiques et individualisés du système. Ce n'est jamais la condition de ressource en général que l'on discutera, mais le fait que l'on connaît telle famille précise dont la situation paraît comparativement « anormalement » favorable ou défavorable.

C'est avec ces données en tête qu'il faut reprendre la question de la solidarité. En n'oubliant jamais qu'elle se pose *sous contrainte politique et économique forte*. Deux voies peuvent être explorées : la sélectivité accrue des prestations et la redéfinition de la structure des prélèvements.

## L'État-providence sélectif

Le ciblage des prestations sociales est à la mode. C'est vrai dans la plupart des pays industrialisés : l'idée générale est que la sélectivité constitue une solution pour faire face à la crise financière que traverse partout l'État-providence. Un rapport de la Communauté européenne publié en 1993 sur *La Protection sociale en Europe* soulignait cette évolution : « En temps de crise, y lisait-on, quand les ressources sont rares et les besoins importants, la tentation est grande de cibler davantage les prestations sur les plus nécessiteux. » On peut citer un exemple symbolique de cette évolution : la Nouvelle-Zélande. Ce petit laboratoire social-démocrate des antipodes fut le premier pays au monde à instaurer en 1926 un système universel d'allocations familiales : elles ne sont plus attribuées que sous conditions de ressources depuis 1990[1]. La question est maintenant partout à l'ordre du jour. Un nombre croissant de pays ont développé des prestations modulées selon les revenus ou soumises à des conditions de ressources (*means tested* en anglais). Un des dogmes fondateurs des États-providence modernes, celui de l'universalité des prestations, se trouve ainsi heurté de plein fouet.

1. Cf. « Adieu à l'État-providence. Dix ans de libéralisme ont transformé la Nouvelle-Zélande », *The Independent on Sunday*, mars 1994 (reproduit dans *Courrier international*, n° 178, 1994).

Le principe universaliste a été historiquement au cœur de la conception civique et nationale de la Sécurité sociale. L'exposé des motifs de l'ordonnance du 4 octobre 1945 portant organisation de la Sécurité sociale y faisait expressément référence : « La sécurité sociale appelle l'aménagement d'une vaste organisation nationale d'entraide obligatoire qui ne peut atteindre sa pleine efficacité que si elle présente un caractère de très grande généralité à la fois quant aux personnes qu'elle englobe et quant aux risques qu'elle couvre. Le but final à atteindre est la réalisation d'un plan qui couvre l'ensemble de la population du pays contre l'ensemble des facteurs d'insécurité. » L'universalité était une façon d'organiser une sorte d'effacement symbolique des différences de classes dans une partie de l'espace social[1]. D'où la centralité de ce principe dans la rhétorique de gauche, cohérente avec l'appréhension des prestations sociales comme des droits.

C'est pourquoi la gauche a toujours dénoncé la sélectivité, accusée de stigmatiser les pauvres et de provoquer un retour en arrière aux temps moralisateurs de l'assistance. Elle a constamment demandé la suppression des conditions de ressources, et la généralisation de l'accès aux prestations. On l'a constaté en 1970 (quand a été instituée l'allocation de salaire unique), en 1974 (mise en place de l'allocation de rentrée scolaire), en 1977 (lancement du complément familial). Donner à tous par les prestations sociales d'un côté et reprendre aux plus

1. Dans sa demande d'avis (juillet 1945) sur un projet d'organisation de la Sécurité sociale, Alexandre Parodi, alors ministre du Travail et de la Sécurité sociale, note : « Trouvant sa justification dans un souci élémentaire de justice sociale, la Sécurité sociale répond à la préoccupation de débarrasser les travailleurs de l'incertitude du lendemain, de cette incertitude qui crée chez eux un sentiment d'infériorité et qui est la base réelle et profonde de la distinction des classes entre les possédants sûrs d'eux-mêmes et de leur avenir et les travailleurs sur qui pèse à tout moment la menace de la misère » (reproduit in *La Sécurité sociale. Son histoire à travers les textes*, *op. cit.*, t. III, p. 9).

aisés par l'impôt : telle a été la position constante de la gauche dans cette matière. Plus pragmatique, la droite s'est contentée de son côté de prôner une « sélectivité sociale modérée », en fixant à partir des années 1970 des plafonds relativement élevés pour l'attribution de la plupart des prestations sociales attachées à la famille.

Faut-il aujourd'hui remettre plus ouvertement en cause la règle d'universalité qui a plus ou moins subsisté jusqu'à présent ? L'argument principal des partisans de cette évolution est surtout d'ordre économique. « En période de crise, écrit l'un d'entre eux, l'État-providence égalitaire ne peut plus être le modèle de référence, sauf pour la couverture des dépenses de santé les plus lourdes. Fondé sur le prélèvement d'une gabelle sociale à taux uniforme quel que soit le revenu, il est inéquitable et générateur de chômage ; fondé sur un traitement égalitaire de tous les Français, il néglige les besoins particuliers des plus modestes et se heurte au rationnement de la ressource, engendré par le sous-emploi qu'il a lui-même contribué à créer. L'explosion des dépenses et la nécessité d'abaisser les charges sur les bas salaires imposent maintenant une discrimination positive entre Français, en privilégiant les besoins du milieu et du bas de la classe moyenne. Les autres, détenteurs des revenus les plus élevés, devront accepter de contribuer plus pour recevoir moins[1]. »

Cette sélectivité accrue des prestations est-elle d'abord politiquement praticable ? Ne se heurte-t-elle pas de plein fouet à cette « question des classes moyennes » ? Il n'y a pas de réponse unique car les problèmes ne se posent pas de la même façon dans les différents pays. Aux États-Unis, où les prestations familiales à la française sont inconnues, la sélectivité vise

1. Nicolas Dufourcq, « L'État-providence sélectif », *Notes de la Fondation Saint-Simon*, mars 1994, p. 7-8 (repris dans *Esprit*, décembre 1994). Ce texte constitue une excellente introduction au sujet.

en fait les 20 % les plus pauvres de la population. Dans ce cas, la « grogne » des classes moyennes procède de la séparation complète entre ceux qui paient et ceux qui reçoivent. La stratégie de Clinton a donc justement consisté à inverser cette tendance. Il a ainsi mis l'accent sur une réforme sociale aux effets universalistes avec son projet de grand système national d'assurance maladie pour les gros risques qui couvrirait tous les Américains. C'est autour du concept d'État-providence sélectif que le débat s'est depuis structuré aux États-Unis. Les démocrates ont fait un moment de ce programme d'assurance maladie le symbole de leur politique[1] alors que les républicains parlent de la « folie universaliste » (*universal fallacy*) dont il sera impossible de maîtriser les coûts[2].

La sélectivité n'a pas du tout le même sens en France puisque le plafond assez élevé des conditions de ressources fait qu'une partie non négligeable des classes moyennes touchent les diverses prestations familiales : 60 % des familles de deux enfants et plus bénéficient par exemple du versement de l'allocation de rentrée scolaire et la moitié inférieure des classes moyennes touche l'allocation logement. C'est parce que la société française est en fait largement couverte par les prestations sélectives que la perte de leur bénéfice peut être si douloureusement ressentie, estime Nicolas Dufourcq. Dépas-

1. Sur le plaidoyer de gauche pour les politiques universalistes, contre les politiques sociales ciblées (*targeted* en anglais), cf. : Theda Skocpol, « Sustainable Social Policy : Fighting Poverty without Poverty Programs », *The American Prospect*, hiver 1988, et « Targeting within Universalism », *in* C. Jencks et P. Peterson (ed.), *The Urban Underclass*, Washington, Brookings, 1991 ; William Julius Wilson, *The Truly Disavantaged*, New York, 1987. Pour une analyse proprement économique, cf. Anthony Atkinson, *On Targeting Social Security : Theory and Western Experience with Family Benefits*, London School of Economics, Welfare State Program, Working paper n° 99, décembre 1993.

2. Cf., par exemple, « The Universal Fallacy », *The New Republic*, 14 mars 1994, ou Irving Kristol, « A demi trop malin », *Commentaire*, n° 64, hiver 1993-1994.

ser le plafond de ressources, c'est entrer dans une catégorie sociale définie par voie réglementaire comme presque « privilégiée », et quitter symboliquement la classe moyenne.

Ce constat est fondamental. Il met le doigt sur la simplification sociologique inhérente au principe de sélectivité : celui-ci découpe par principe la société en deux blocs, les bénéficiaires et les exclus. Du même coup cette ligne de partage ne peut être légitimée que si elle isole des catégories à l'identité jugée indiscutable : les privilégiés en haut, les exclus en bas. Il n'y a que deux formes de sélectivité évidentes : celle qui place la barre très haut et celle qui place la barre très bas. On en revient donc d'une façon ou d'une autre toujours à l'opposition supposée claire des riches et des pauvres, à une vision manichéenne et caricaturale de la société. Mais cette évidence n'en est justement pas une. Pas seulement du fait de l'existence d'une large classe moyenne, que l'on agglomérerait ou séparerait au choix des privilégiés ; mais aussi du fait de la difficulté à placer des bornes sociologiques indiscutables. Il est facile de penser la sélectivité si l'on oppose la situation du PDG à celle du RMiste. Il devient moins facile de le faire si l'on considère côte à côte le smicard et le RMiste, le couple d'enseignants ayant deux enfants et le cadre supérieur célibataire.

Si des éléments expliquent une partie du malaise des classes moyennes, leur mécontentement a aussi une autre origine, plus technique, en France : il est lié aux effets pervers engendrés par le chevauchement aléatoire des seuils fiscaux et sociaux. Le barême de l'impôt sur le revenu est par exemple fixé sans tenir compte des plafonds d'accès aux prestations[1]. Un effort de

1. Nicolas Dufourcq montre très bien qu'il découle de cette séparation et de l'anarchie générale des barêmes sociaux des courbes aberrantes de taux marginaux de disponibilité des revenus des ménages, présentant de graves décrochages pour certaines tranches de revenus (autour de 180 000 francs de revenu annuel pour un ménage avec un enfant ou de 320 000 francs pour un ménage avec trois enfants par exemple).

rationalisation et de clarification peut ainsi contribuer à asseoir en France une sélectivité modérée pour les prestations de type familial. Mais est-il possible d'envisager une sélectivité accrue en matière d'allocations sociales et familiales ? Pourrait-on par exemple envisager de verser les allocations familiales sous des conditions de ressources[1] ? En termes financiers, c'est là que serait la véritable économie. Mais on peut douter de la faisabilité d'un tel projet, sauf à fixer un plafond très élevé. Si les allocations familiales étaient supprimées pour les 15 % des ménages les plus aisés (les cadres supérieurs et les professions libérales, grossièrement), on a calculé que l'économie serait de 14 milliards de francs[2]. C'est à la fois beaucoup et peu, puisque cela représenterait moins de 5 % de l'ensemble des prestations sociales versées aux familles. Il apparaît d'un autre côté presque impossible d'introduire de la sélectivité en matière de remboursement des soins de santé, le déplafonnement des cotisations opérant déjà une réelle redistribution. Le champ éventuel de la sélectivité est donc assez limité, sauf à considérer les aides sociales les plus élémentaires, liées par exemple à la gestion des situations d'exclusion[3].

La distribution sélective des prestations sociales se heurte en fin de compte à une contradiction. Pour qu'elle soit efficace économiquement, elle doit fixer des plafonds relativement bas et donc exclure une bonne partie des classes moyennes. Mais elle est alors difficile à gérer politiquement. Pour que la sélectivité soit facilement acceptée socialement, elle ne doit par contre éliminer qu'une petite frange de la population (ceux pour lesquels

1. Cf. la bonne synthèse d'Antoine Math, *Sélectivité ou Universalité ? Tour d'horizon autour de la question de la mise sous condition de ressources des allocations familiales*, Paris, CNAF, 1994.

2. Cf. les calculs présentés par Jean-Jacques Dupeyroux dans *Le Monde* du 16 juin 1994.

3. Bien que, même dans ce cas, la sélectivité ne soit pas facile à gérer. Le smicard peut, par exemple, ressentir comme injustes les aides sociales spécifiques que recevra le RMiste.

les allocations visées représenteraient un très faible pourcentage du revenu). Mais l'économie réalisée est alors très faible. Il n'y a donc que deux voies praticables : celle d'une sélectivité modérée, telle qu'elle existe actuellement en France pour une bonne partie des prestations (mais il serait difficile de la renforcer ou de l'étendre), ou au contraire celle d'une aide très ciblée, orientée vers des populations en situation de détresse.

On ne peut cependant pas se limiter à un raisonnement économique. Il ne faut pas non plus perdre de vue que les prestations sociales ont également une dimension de citoyenneté. Elles constituent une des expressions du lien social et témoignent à leur manière d'une forme d'égalité. Cette dimension symbolique est essentielle, elle participe du principe même de la solidarité. C'est pourquoi, une certaine forme d'universalité doit être conservée pour certaines prestations, même si une sélectivité raisonnable est mise en œuvre. Au-delà de l'incontournable recherche d'économies budgétaires, le risque serait en effet de faire de la sélectivité un principe philosophique. Ce serait alors effectuer un retour en arrière : cela reviendrait en fait à réduire l'État-providence à un système d'assistance aux plus pauvres (version de droite de l'idéologie de la sélectivité) ou, à l'inverse, à renouer avec la mythologie des riches qui peuvent tout payer (version de gauche). Les voies nouvelles de la solidarité doivent plutôt passer par une redéfinition de sa matière et une réinvention du prélèvement.

## La matière de la solidarité

Le passage à un système solidariste implique au premier chef de rompre avec l'attente implicite d'une contrepartie autour de laquelle était organisée l'assurance sociale. Les conséquences pratiques de cette rupture peuvent être énormes. L'exemption presque totale du paiement de cotisations chômage pour les fonctionnaires n'est par exemple plus justifiée dès lors que l'on sort de la logique assurancielle. Si la solidarité consiste à organiser la sécurité de tous, elle implique de compenser les disparités de statuts.

Il est d'ailleurs peut-être plus facile de trouver un consensus pour mener par étapes une telle réforme que pour alourdir le barême de l'impôt sur le revenu. Les disparités de statuts équivalent en effet à des traits naturels ou hérités. La matière de la solidarité a là quelque chose d'objectif, d'indiscutable. Les disparités instantanées de revenus, que l'impôt sur le revenu revient à redistribuer, sont beaucoup plus complexes à caractériser. Elles ne renvoient pas seulement à des classes (riches, pauvres, classes moyennes), mais aussi à des histoires individuelles. Chacun peut connaître des variations de son revenu en fonction de son âge, de ses efforts, de son avancement professionnel. D'où le fait que l'alourdissement du taux de l'impôt, lorsque le revenu augmente, est parfois perçu comme injuste, car frappant une situation personnelle, donnant l'impression de pénaliser un effort individuel ou de réduire les effets d'une promotion jugée méritée. C'est aussi cela qui fonde la résistance fiscale : le sentiment que l'impôt dévalorise la responsabilité individuelle. Lorsque les classes étaient stables, les individus étant attachés à leur destin, l'imposition des revenus était clairement et simplement l'instrument privilégié d'une redistribution sociale. Les choses deviennent plus complexes dans une société mobile, dans laquelle les différences entre les individus sont autant liées à des facteurs d'âge, de formation, d'investissement individuel qu'à des positions fixes de classe. La notion de réduction des inégalités est perçue différemment dans ce cadre.

Le prélèvement de solidarité sera d'autant mieux accepté qu'il sera indexé sur des facteurs objectifs ou hérités. La solidarité entre handicapés et bien portants, jeunes et vieux, emplois protégés et emplois exposés, est pour cette raison plus facile à légitimer que la solidarité entre catégories de revenus. Si cette dernière reste bien sûr fondamentale, pouvant même être développée pour tenir compte sur la longue durée des flux de revenus ou des situations héritées (cf. l'impôt sur la fortune), elle ne peut pas constituer le seul support de la redistribution, sauf à l'asphyxier. La réinvention du prélèvement passe par cette vision élargie de la matière et des objets de la redistribution. Entre l'assurance traditionnelle (redistribution à l'intérieur d'une classe donnée de risques) et l'impôt classique sur le revenu (redistribution des revenus instantanée), doit ainsi s'ouvrir la voie d'un nouveau type de prélèvement, permettant d'opérer une redistribution à partir d'une appréhension élargie du champ des différences et des inégalités.

## Réinventer le prélèvement

Faute de pouvoir encore croire à un grand soir fiscal, peut-on encore parler de réforme proprement fiscale ? L'exemple français de la CSG (contribution sociale généralisée)[1] mérite là d'être médité. En quelques années, la CSG a opéré une révolution silencieuse. La CSG reste certes pour l'instant un prélèvement à cheval entre deux univers, revêtant un caractère juridique hybride. Elle a la forme d'un impôt puisqu'elle doit être autorisée par le Parlement, mais elle s'apparente aussi à une cotisation sociale, ayant d'ailleurs été strictement affectée à une catégorie de prestations dans un premier temps (les presta-

1. La CSG, rappelons-le, est prélevée à taux uniforme sur l'ensemble des revenus, quelle que soit leur origine.

tions familiales) et étant collectée par les organismes de recouvrement des cotisations de Sécurité sociale. La CSG constitue pourtant un instrument commode de transition car elle présente l'avantage d'être maintenant bien acceptée dans son principe par une majorité de Français.

A terme, ce sera probablement le développement et l'adaptation de la CSG qui pourront servir de support à une fiscalisation du financement de l'assurance maladie, servant en fait de substitut à l'impossible réforme globale de l'impôt sur le revenu[1]. Les experts ont calculé qu'une « contribution-santé » de 11 % sur l'ensemble des revenus des ménages permettrait d'offrir à chacun une assurance maladie identique à celle du régime général actuel[2]. Ce mode de financement permettrait de combler les disparités actuelles, les taux de cotisation variant pour la santé de 18 % pour les salariés à une fourchette comprise entre 1 et 3 % pour les retraités[3], tandis que les non-salariés paient en moyenne aux environs de 10 %. C'est aussi l'équivalent d'une CSG qu'il faudrait par ailleurs instituer à terme pour contribuer au financement de l'indemnisation du chômage.

Dans les deux cas, outre l'élargissement de l'assiette des prélèvements par rapport aux cotisations sociales, c'est à une redistribution massive entre générations que conduit le développement de la CSG. Les retraités ont été les privilégiés des

1. Notamment parce qu'il est très difficile de réintégrer dans l'assiette de l'impôt les revenus de la moitié des Français qui en sont de fait exonérés. On laisse là de côté les débats plus techniques sur la possibilité de mettre en place une CSG incluant une progressivité des taux.

2. Cf. les conclusions du rapport du groupe « Perspectives économiques » présidé par Gérard Maarek, Paris, Commissariat général du Plan, juillet 1994 (notamment le chap. X, « Un financement de la protection sociale plus efficace et moins défavorable à l'emploi »).

3. Il avait été initialement prévu en 1945 que les retraités se voient prélever une cotisation d'assurance maladie, mais la mesure n'avait finalement pas été mise en œuvre, les retraites de l'époque étant jugées trop faibles pour pouvoir supporter un prélèvement.

années 1980, sous le double effet de la démographie et des mesures sociales (le relèvement considérable du minimum vieillesse à partir du milieu des années 1970) ; ils devront être invités à partir de la fin des années 1990 à contribuer davantage aux dépenses communes.

DEUXIÈME PARTIE

# Repenser les droits

CHAPITRE IV

# LES LIMITES DE L'ÉTAT PASSIF-PROVIDENCE

La séparation économie / société

La dissolution du contrat salarial

La radicalisation de la modernité

La tentation de salarier l'exclusion

L'impasse du revenu d'existence

De l'indemnisation à l'insertion

L'État-providence fonctionne comme une machine à indemniser : compensation des pertes de revenu (chômage, maladie, retraite), prise en charge directe de certaines dépenses (santé), versement d'allocations diverses sous condition de ressources. En situation de chômage, ce fonctionnement conduit à un premier paradoxe : d'un côté les indemnisations versées ne cessent de croître, alors que, de l'autre, les besoins non satisfaits se multiplient. D'où la question évidente : ne serait-il pas possible de payer des travailleurs au lieu d'indemniser des chômeurs ? En d'autres termes, n'est-il pas urgent de transformer des dépenses passives en dépenses actives ? Aujourd'hui, les dépenses passives représentent dans les différents pays européens environ les trois quarts de l'ensemble des sommes consacrées à l'emploi.

Second paradoxe : une grosse partie du coût du travail sert, à travers les transferts sociaux, à compenser l'exclusion partielle ou totale de l'accès au travail pour une large partie de la population[1]. Il y a en France de 12 à 13 millions de personnes qui échappent à la pauvreté ou à la précarité financière en recevant près de 180 milliards de francs de prestations sociales sous divers modes. Il faut ainsi augmenter de plus en plus les prélèvements sur le travail, ce qui conduit à une réduction de son

1. Cf. l'étude publiée par le CERC, *Précarité et Risque d'exclusion en France*, Paris, 1994.

volume, pour prendre en charge l'exclusion ; d'où l'entrée dans une spirale perverse équivalant à une sorte de *déflation sociale* : une quantité croissante d'inactifs sont pris en charge par un nombre décroissant d'actifs[1]. On compte ainsi de 7 à 8 millions de personnes qui vivent aujourd'hui directement grâce à des revenus minimaux garantis[2]. C'est ce que l'on a appelé très justement le paradoxe de « l'autodestruction de la solidarité[3] ».

## La séparation économie/société

Comment en est-on arrivé là ? C'est ce qu'il faut essayer de comprendre. On a souvent invoqué les effets pervers de l'État-providence pour expliquer l'impasse dans laquelle il se trouve actuellement. L'idée est à la mode. L'OCDE a publié dans cette optique en 1994 un important document qui a donné le ton[4]. S'il était toujours question de poursuivre les grands objectifs sociaux du passé, l'OCDE appelait ainsi de ses vœux des « méthodes nouvelles, mieux conçues, qui n'auront pas les effets secondaires imprévus et indésirables des politiques sociales passées », et prônait notamment un creusement de l'écart des salaires pour stimuler la création d'emplois. L'OCDE

1. Cf. les données de l'étude du CERC.

2. D'une façon plus large, on estime aujourd'hui que l'essentiel du revenu de près de 45 % des résidents adultes de la France métropolitaine dépend de la protection sociale (retraites de base prises en compte). Chiffre donné par Jean Marmot dans son introduction au rapport *Les Comptes de la Sécurité sociale pour 1993*, Paris, Commission des comptes de la Sécurité sociale, 1994.

3. Cf. Jean-François Revel, « Le vieux et le neuf en politique », *Le Point*, 29 janvier 1994.

4. Cf. *Étude sur l'emploi*, Paris, OCDE, juin 1994.

suggérait aussi de ne pas faire interférer les problèmes d'équité avec les questions de fonctionnement du marché du travail et de traiter séparément les premiers. D'un côté l'efficacité, de l'autre la solidarité, pour dire les choses autrement. Cette dissociation a été l'un des grands mots d'ordre des années 1980. C'est peut-être d'abord ce fait qu'il faut interroger.

L'approche en termes d'effets pervers doit en effet être précisée pour être opératoire. Ouvrons là une petite parenthèse de méthode. Pour faire vite, on peut en distinguer deux figures : l'effet pervers de composition et l'effet pervers de dissociation. La première forme est la plus classique, c'est celle qui a été le mieux étudiée en sciences sociales[1]. Dans ce cas l'effet pervers est induit par une approche trop étroite d'un phénomène. On décide par exemple d'un niveau d'indemnisation du chômage sans le comparer aux rémunérations des activités disponibles : du même coup on ne prévoit pas que peut se produire un phénomène de désincitation au travail. L'effet pervers traduit dans ce cas une revanche des faits sur l'analyse lorsque cette dernière ne prend en compte qu'une partie de la réalité et néglige la complexité des interrelations et des causalités. Dans cette perspective, il n'y a rien de vraiment neuf à dire concernant l'État-providence. Ce type d'effets pervers est de mieux en mieux pris en compte, même si leur suppression n'est pas évidente, plusieurs principes contradictoires pouvant se trouver en conflit dans un dispositif social donné (c'est le cas dans la difficile question de l'arbitrage chômage/travail) ou les rationalités des différents agents (l'État et les particuliers) pouvant être distinctes.

Les effets pervers de dissociation sont d'une autre nature. Ils correspondent à une segmentation des sphères d'activité sociale. Ils résultent d'une dissociation *réelle* et pas seulement d'un défaut d'intelligibilité. Sous leur forme principale, ils cor-

1. Cf. Raymond Boudon, *Effets pervers et Ordre social*, Paris, PUF, 1977.

respondent aujourd'hui aux conséquences de la dissociation entre l'économique et le social, chaque domaine fonctionnant selon sa logique propre : la recherche d'efficacité économique d'un côté, le fonctionnement de la machine à indemniser de l'autre. Alors qu'il s'agirait d'harmoniser les impératifs sociaux et les exigences économiques, ils finissent par se détruire réciproquement. Ce type d'effet pervers est d'une certaine manière accepté et institutionnalisé aujourd'hui. La séparation entre l'économique et le social est souvent conçue comme une exigence de progrès. C'est justement cela qui fait désormais question. Les effets pervers ne sont pas toujours ceux que le prêt-à-penser désigne.

## La dissolution du contrat salarial

Le mouvement de séparation de l'économique et du social a pris la forme de l'accroissement d'un chômage de masse et d'un chômage de longue durée. Il ne s'agit pas ici d'aborder l'analyse des causes proprement économiques du phénomène : ce n'est pas notre objet et d'autres l'ont fait dans des perspectives novatrices[1]. Mais il est par contre important de bien souligner comment les transformations sociales des années 1980 et 1990 ont accéléré ce phénomène et ont conduit à exacerber le fonctionnement pervers de l'État-providence.

1. Cf. tout particulièrement Robert M. Solow, *The Labor Market as a Social Institution*, Cambridge, Basic Blackwell, 1990, et Edmund S. Phelps, *Structural Slumps : The Modern Equilibrium Theory of Unemployment, Interest and Assets*, Cambridge (Mass.), Harvard University Press, 1994. Cf. également, pour le cas français, la synthèse très stimulante de Denis Olivennes, « La préférence française pour le chômage », *Notes de la Fondation Saint-Simon*, février 1994.

Pour le dire d'un mot, le chômage de masse conduit à radicaliser le processus de modernisation économique. Il exprime une tendance à la polarisation de l'économie jusqu'à son point ultime la dissociation de l'économique et du social, de la production et de la redistribution, de la compétitivité et de la solidarité. Le chômage de masse porte à son comble la coupure entre l'activité économique et l'État passif-providence. En lui, se résument ainsi les contradictions du capitalisme moderne et de la société individualiste. Pour bien le comprendre, on peut suivre les analyses de Jean-Paul Fitoussi[1].

Fitoussi montre bien que les économies européennes des années 1960 et 1970 étaient régies par une sorte de contrat social implicite qui revenait à encastrer dans l'économie tout un système de « subventions » implicites entre agents, qui était favorable à l'emploi. Les taux d'intérêt assez bas permettaient d'abord de distribuer une masse salariale plus élevée, ce qui favorisait l'emploi. Mais l'essentiel tenait au fait que l'éventail des rémunérations était relativement resserré. Il y avait une sorte de *consensus* sur ce point (que l'on se souvienne de l'importance du thème de la hiérarchie des salaires dans la vie sociale et revendicative du début des années 1970). Tout se passait alors comme si les salariés les moins qualifiés étaient subventionnés par les salariés les plus qualifiés. C'était d'ailleurs la logique même du SMIC (le salaire minimum de croissance instauré en 1971 marquant une rupture avec la logique de voiture-balai du précédent SMIG, salaire minimum garanti). La limitation de fait des rémunérations élevées permettait aux entreprises de recourir davantage à l'embauche de travailleurs non qualifiés. Certains économistes suédois allaient même jusqu'à parler de « salaire de solidarité », tandis

1. Jean-Paul Fitoussi, « Chômage et contrat social », *Lettre de l'OFCE*, n° 102, 15 juin 1992, et « Wage Distribution and Unemployment : the French Experience », *The American Economic Review*, mai 1994.

que l'économiste américain Martin Weitzman employait le terme d'« économie de partage » (*share economy*)[1]. Il y avait ainsi déjà une forme de redistribution implicite à l'intérieur même de la masse salariale. En se rapportant aux Trente Glorieuses, Philippe d'Iribarne évoque de façon éclairante les « politiques sociales invisibles » des entreprises[2].

Le même système fonctionnait entre générations : les jeunes acceptaient des rémunérations plus basses à l'entrée du marché du travail, parce qu'ils savaient que leur rémunération croîtrait tout au long de leur carrière. Les travailleurs âgés étaient ainsi implicitement subventionnés par les jeunes à travers le système de rémunération à l'ancienneté. En résumant ces données, Xavier Gaullier note très justement que le niveau d'employabilité des individus y était davantage lié aux formes du compromis social qu'à leur valeur d'usage[3]. Pour caractériser ce système des années 1960 et 1970, on a aussi pu parler du « cercle vertueux de la croissance fordienne » qui assurait une certaine synergie entre efficacité dynamique et équité[4]. Dans ce contexte, l'État-providence s'inscrivait naturellement dans une perspective assurancielle et son coût s'apparentait à celui d'une consommation de services collectifs.

1. Berndt Ohman, « A Note on the "Solidarity Wage Policy" of the Sweedish Labor Movement », *Sweedish Journal of Economics*, 1969, p. 198-205 ; Martin Weitzman, *The Share Economy*, Cambridge (Mass.), Harvard University Press, 1984. On peut rappeler que c'est dès 1955 que Barbara Wootton publiait son ouvrage *The Social Foundations of Wage Policy*. On notera plus largement que certains économistes analysent les organisations et les institutions comme des « réseaux imbriqués de contrats ». Cf. notamment, sur ce point, les travaux stimulants d'Oliver E. Williamson, en particulier *The Economic Institutions of Capitalism : Firms, Markets, Relational Contracting*, New York, The Free Press, 1985.

2. Philippe d'Iribarne, « L'économique et le social : la fin d'un dogme », *Commentaire*, n° 66, été 1994.

3. Xavier Gaullier, « La machine à exclure », *Le Débat*, mars-avril 1992.

4. Cf. les analyses de Robert Boyer, « Justice sociale et performances économiques », *in* J. Affichard et J.-B. de Foucauld, *Justice sociale et Inégalités*, Paris, Éd. Esprit, 1992.

C'est l'ensemble de ces conventions et de ces subventions qui s'est progressivement effondré dans les années 1980, brisant le contrat social antérieur. Le premier symptôme de cet effondrement réside dans l'accroissement des inégalités. La hiérarchie des salaires s'est nettement ouverte, par le haut ou par le bas selon les pays. Aux États-Unis, le mouvement a été double : les bas revenus ont fortement régressé (le salaire minimum n'y a pas varié en terme nominal pendant dix ans, de 1981 à 1991, de telle sorte qu'il a beaucoup baissé en termes réels) et les hauts revenus se sont en même temps envolés[1]. En Grande-Bretagne, le revenu réel moyen des 10 % les plus pauvres a chuté de 17 % dans les années 1980. En Europe continentale, si les bas salaires ont continué à croître en termes réels, les revenus les plus élevés se sont proportionnellement beaucoup plus accrus. En France, pendant les années 1980, les foyers les plus riches (dernier décile) ont par exemple continûment augmenté leur part de revenu global. Dans ce cas, ce sont les catégories intermédiaires qui ont vu leur situation se détériorer[2].

Second symptôme : la hausse des taux d'intérêt réels. Si elle a épargné des pays comme l'Allemagne ou le Japon, elle a été très forte en France. La conséquence sociale de cette hausse a été mécanique : la rémunération de la rente augmentant, la part des autres catégories de revenus et notamment la part des salaires a beaucoup baissé pour permettre aux entreprises de

1. Le phénomène a été amplement décrit aux États-Unis tant dans sa dimension économique que dans ses conséquences politiques. Cf. notamment Kevin Philipps, *The Politics of Rich and Poor : Wealth and the American Electorate in the Reagan Aftermath*, New York, Random House, 1990 ; Paul Krugman, « The Right, the Rich and the Facts, Deconstructing the Income Distribution Debate », *The American Prospect*, automne 1992 ; S. Danziger et P. Gottschalk (ed.), *Uneven Tides, Rising Inequality in America*, New York, The Russell Sage Foundation, 1993 ; Mickey Kaus, *The End of Equality*, New York, Basic Books, 1992.

2. Cf. le *Constat de l'évolution récente des revenus en France*, Documents du CERC, juillet 1992.

maintenir leur taux de profit. Deux chiffres résument ce mouvement : la part des salaires dans la valeur ajoutée est descendue de 71 % en 1981 à 63 % en 1994. Le niveau des salaires individuels n'ayant pas baissé (sauf pour une partie des classes moyennes, comme on l'a signalé), l'ajustement s'est fait par les quantités, c'est-à-dire par la réduction du volume des emplois[1]. D'où le transfert sur l'État-providence d'une partie du coût salarial antérieur.

D'une façon générale, on peut dire que, dans les années 1960, les économies occidentales internalisaient au niveau des entreprises toute une partie du coût social global, alors que la tendance des années 1990 a conduit à une externalisation différenciatrice de ce coût. On a rapidement évoqué les formes qu'avait prises l'internalisation : subventions implicites entre catégories de salariés dont les rémunérations se trouvaient découplées des productivités effectives ; redistribution entre générations à travers le salaire à l'ancienneté. Externalisation et différenciation caractérisent au contraire le nouveau système qui s'est peu à peu mis en place.

L'*externalisation* traduit le fait que l'on a de plus en plus dissocié les registres de l'efficacité et de la solidarité qui étaient auparavant, au moins partiellement, articulés. L'efficacité est devenue la seule responsabilité de l'entreprise alors que l'impératif de solidarité ne relève plus que de l'État-providence. La séparation entre l'économique et le social correspond aussi en ce sens à une forme de désarticulation des niveaux micro et macro. Cela a été le grand leitmotiv des années 1980 : « que chacun fasse son métier », « la question du chômage concerne la société tout entière, pas les entreprises prises individuellement ».

La *différenciation* signifie que le travail n'est plus géré globalement, à coup de grilles salariales, négociations centrali-

1. Cf. Gérard Duthil, « Les politiques salariales en France : la désindexation, source de tensions sociales », *Le Monde*, 20-21 mars 1994.

sées, etc. Les questions de productivité et d'organisation sont dorénavant appréhendées au niveau individuel : les entreprises cherchent à rémunérer chaque salarié à sa productivité réelle (conformément à la théorie classique). Il résulte de ce double mouvement un accroissement simultané des inégalités et du chômage. Les salariés qualifiés en position de force peuvent maintenir leurs avantages ou même les accroître, tandis que les moins qualifiés et ceux qui ne disposent d'aucun pouvoir vont être exclus du marché du travail ou se trouver dans l'incapacité d'y rentrer[1].

On voit là que les transformations du système productif, le passage du fordisme à un mode de production plus flexible, n'ont pas seulement une dimension organisationnelle et technique : elles traduisent aussi l'avènement de nouveaux rapports sociaux. Les blocages actuels de la société n'ont pas leur origine dans le système de production proprement dit, mais dans les *conventions sociales* qui le sous-tendent.

## La radicalisation de la modernité

Si le chômage de masse est la forme qu'a prise dans nos sociétés le nouveau système de redistribution entre agents économiques, le développement de l'État-providence est la consé-

1. Cf. L. Mallet, « La détermination du sureffectif dans l'entreprise : démarche gestionnaire et construction sociale », *Travail et Emploi*, n° 2, 1989. On peut souligner à l'inverse que ce sont aussi les variables sociologiques qui expliquent les salaires des dirigeants. Cf. sur ce point deux ouvrages récents concernant les États-Unis : Derek Bok, *The Cost of Talent : How Executives and Professionals are Paid and How it Affects America*, Glencoe (Ill.), Free Press, 1994 ; Graef Crystal, *In Search of Excess : the Overcompensation of American Executives*, New York, Norton, 1991.

quence mécanique de l'accroissement de la coupure entre l'économique et le social qu'il accompagne. Cette approche doit nous conduire à comprendre dans des termes plus larges qu'à l'habitude les contradictions de cet État passif-providence. Ces contradictions ne renvoient pas seulement à un dysfonctionnement économique : elles correspondent à une certaine radicalisation de la modernité en tant que processus d'individualisation et de rationalisation.

Le contrat social implicite des années 1960 était fondé sur la prise en compte d'une forme d'« archaïsme » dans la modernité[1]. L'équilibre entre l'économique et le social était fondé sur l'acceptation d'une certaine hétérogénéité : coexistence dans une même fonction productive de travailleurs aux capacités très contrastées, présence de multiples petites « niches » de faible productivité dans les entreprises. La cohésion sociale était largement liée à cette sorte d'encastrement du social dans l'économique. La modernisation accélérée des années 1980 et 1990 a brisé cet arrangement. En étant plus radicalement « modernes », les entreprises ont éliminé toutes ces petites poches d'archaïsme protecteur. Du même coup, c'est l'État-providence qui a concentré sous la forme de la prise en charge

1. « Les restes d'un social "archaïque", note justement Philippe d'Iribarne, ont, de fait, largement contribué à amortir le choc provoqué par les bouleversements de l'économie. Si les modernisateurs, qui parlaient haut et fort, n'avaient à la bouche que concurrence et élimination des formes économiques dépassées, ces formes subsistaient largement. Bien des entreprises, qui de fait restaient largement à l'abri d'une concurrence trop sévère, continuaient à entretenir des installations dépassées, des sièges sociaux pléthoriques, des activités annexes (des cantines à l'entretien des pelouses) à l'efficacité problématique [...]. De même les recrutements de jeunes n'étaient pas toujours très regardants en matière d'efficacité immédiate. Ainsi on ne manquait pas, dans les bureaux, d'emplois de "grouillots" où des jeunes sans qualification spéciale pouvaient commencer à faire leur chemin » (« L'économique et le social : la fin d'un dogme », art. cité, p. 374). Cf. aussi sur ce point l'ouvrage très stimulant de Bernard Perret et François Roustang, *L'Économie contre la société*, Paris, Éd. du Seuil, 1993.

d'un chômage de masse tous ces microdispositifs de protection sociale implicite qui étaient auparavant disséminés dans le système productif. Bien des salariés moins efficients ou moins qualifiés, qui étaient intégrés dans les entreprises, sont devenus des chômeurs indemnisés.

On peut dire en ce sens que les paradoxes de l'État passif-providence renvoient aux fondements mêmes du contrat social. Si l'on comprend les choses de cette manière, cela signifie qu'il ne suffit plus de raisonner en termes d'indemnisation ou de compensation des dommages. Il faut passer d'une logique de la réparation des pannes du social à la conception d'une action sur la matière même de ce social. C'est en effet la structure du social qui fait problème, ce n'est pas seulement le type de traitement des dysfonctionnements ou le mode de gestion de certaines catégories de dépenses qui est en cause.

L'État-providence, ne l'oublions pas, ne s'est d'ailleurs développé historiquement sous la forme assistancielle et indemnisatrice que parce que la société n'avait pas su maintenir une certaine homogénéité en garantissant à chacun un travail. C'est pour cela que l'emploi est aujourd'hui au cœur des interrogations sur l'État-providence : le chômage est la forme exacerbée qu'ont prises dans nos sociétés les contradictions de la modernité économique. Derrière la discussion presque technique sur la possibilité de transformer le coût de l'indemnisation d'un chômeur en salaire d'un travailleur, ce sont en fait les fondements de cette modernité qui se trouvent interrogés.

Au-delà de ce constat, il faut également souligner la dimension proprement anthropologique de cette crise de l'État-providence. Cette dernière correspond en effet aussi à l'entrée dans un nouvel âge de la société individualiste : celui d'une dissociation toujours plus radicale entre le citoyen, membre de la collectivité, et le travailleur, membre de la société civile. Principe démocratique d'inclusion et d'égalité d'un côté, principe productif de différenciation et d'exclusion de l'autre : la coupure est désormais criante. D'où la polarisation croissante de la fonction de solidarité sur l'État-providence, jusqu'à cette situation absurde d'une logique perverse de l'indemnisation qui croît de façon séparée et autonome, à distance de la sphère des besoins.

## La tentation de salarier l'exclusion

Un danger majeur guette aujourd'hui nos sociétés : la tentation de salarier l'exclusion. Elle se trouve à l'intersection de deux analyses : la certitude que nous resterons pour une durée très longue dans une situation de chômage, d'un côté, et la reconnaissance de la nécessité de mettre en place un filet de protection sociale minimale, de l'autre. Nos sociétés sont assez riches pour prendre en charge l'exclusion, entend-on souvent dire. D'où le consentement tacite à une dissociation croissante entre les deux sphères de l'économique et du social. Cette tentation de salarier l'exclusion se présente sous deux formes : le modèle du handicap et celui du revenu d'existence.

Au cours des années 1960 et 1970, l'État-providence a progressivement pris en charge les personnes qu'une incapacité physique ou mentale empêchait d'accéder au marché du travail, ou d'y retourner pour les victimes d'un accident. Conçu pour gérer des ruptures conjoncturelles, le système antérieur de Sécurité sociale n'était en effet pas adapté pour traiter des situations durables. En France, une allocation aux adultes handicapés (AAH) était ainsi mise en place en 1975. Elle comptait à cette époque 100 000 bénéficiaires : on en recensait plus de 500 000 vingt ans plus tard. Parallèlement une allocation compensatrice, destinée aux adultes ayant un taux d'incapacité d'au moins 80 %, était instaurée en 1979. Elle concerne actuellement plus de 200 000 personnes. Ces chiffres correspondent pour une part à un vrai progrès social. Des personnes qui étaient autrefois condamnées à la misère ou dépendaient de la générosité fluctuante des bureaux d'aide sociale se sont vu reconnaître un droit et garantir des moyens d'existence. Mais la croissance des allocataires handicapés correspond aussi à un phénomène plus pervers : l'assimilation à la catégorie de handicapé d'individus dont les travailleurs sociaux n'arrivaient pas à régler les problèmes d'insertion sociale. Un rapport de la Cour des comptes a récemment dénoncé ces pratiques[1].

Au-delà des dérapages administratifs, le détournement de leur but des allocations destinées aux handicapés pour faire face à d'autres problèmes sociaux correspond à un mouvement très profond : la mise en place d'un système d'exclusion indemnisée. Faute de pouvoir réinsérer un certain nombre d'individus, on finit en quelque sorte par les assimiler à des « invalides sociaux ». La catégorie du handicap s'est ainsi progressivement déplacée du champ médical au champ social, englobant les diverses formes de marginalité et allant même jusqu'à désigner les travailleurs qui ne s'adaptent pas aux mutations technologiques[2]. De telle sorte que l'on a pu parler à juste titre de « handicapologie » à ce propos[3].

Un tel mouvement traduit une grave dérive de l'État-providence vers une institutionnalisation perverse de la séparation

1. *Les Politiques sociales en faveur des personnes handicapées*, Paris, Cour des comptes, novembre 1993.

2. « Les nouvelles exigences du travail transforment des producteurs en invalides », note Xavier Gaullier (« La machine à exclure », art. cité, p. 176). Pour une approche générale du problème, cf. Isabelle Ville et Jean-François Ravaud, « Handicap et stigmatisation », *in* Gilles Ferreol (éd.), *Intégration et Exclusion dans la société française*, Lille, Presses universitaires de Lille, 1993.

3. Le terme est employé par Robert Castel, « La question sociale commence en 1349 », in *Le Social aux prises avec l'histoire*, vol. I, *Les Cahiers de la recherche sur le travail social*, n° 16, 1989, p. 17.

entre l'économique et le social, faisant aller de pair société d'indemnisation et société d'exclusion. C'est actuellement aux Pays-Bas que la dérive est la plus prononcée. En 1967, au moment où la croissance permettait d'envisager un développement illimité de l'État-providence, le gouvernement hollandais avait mis en place un système d'assurance invalidité (WAO) particulièrement attractif, puisqu'il garantissait jusqu'à 80 % du dernier salaire ; en 1976, une autre loi sur les pensions d'invalidité (AAW) étendait cette couverture aux non-salariés en fixant un minimum de prestations à 70 % du salaire minimum. Prévues au départ pour garantir des ressources aux accidentés du travail, ces mesures ont fini par être appliquées dans les années 1980 aux travailleurs licenciés qui avaient des difficultés à retrouver un emploi. L'allocation d'invalidité, de durée indéterminée, prenait le relais des allocations chômage quand la période maximale d'indemnisation s'achevait. En 1994, on comptait ainsi plus de 1,2 million de personnes qui touchaient des allocations invalidité (pour 600 000 chômeurs indemnisés au même moment), soit 17 % de la population active[1] ! Dès 1986, il y avait plus de personnes touchant une pension d'invalidité que d'actifs dans la tranche d'âge des 55-64 ans.

L'allocation invalidité s'est trouvée pour cette raison au centre d'un vaste débat depuis 1993. De multiples abus d'attribution ont été dénoncés dans la presse. Mais cette situation absurde d'un taux record d'invalidité pour l'une des populations les mieux portantes du monde ne saurait seulement être appréhendée en termes de fraude. Elle est surtout l'aboutisse-

1. Cf. Dominique Sicot, « Pays-Bas : l'emploi sous perfusion sociale », *Alternatives économiques*, décembre 1993 ; Marie Wierink, « Pays-Bas, la mutation difficile d'un État-providence », *Chronique internationale de l'IRES*, septembre 1993 ; Martin du Bois, « Dutch Efforts to Mend Social-Security Net Take Lead in Europe », *The Wall Street Journal*, 1er décembre 1993.

ment d'une vision purement financière de l'État-providence comme machine à indemnisation, qui doit paradoxalement exclure les individus du marché du travail pour leur apporter une aide. L'inflation du nombre des personnes « inaptes au travail » tient en effet dans ce cas à la définition même qu'en donne la loi : « Est reconnue inapte au travail toute personne incapable, à la suite d'une maladie, d'un accident du travail ou d'un handicap, de se procurer, au moyen d'un travail adéquat, un revenu équivalent à celui que gagnerait une personne en bonne santé faisant ce même travail[1]. » Et par travail adéquat, la loi entend tout travail qui correspond aux diplômes et à l'expérience professionnelle de la personne. L'assurance invalidité pouvait devenir dans ce cas le relais naturel de l'assurance maladie et de l'assurance chômage.

On a inventé la catégorie du handicap social dans les années 1980, comme on avait inventé la catégorie du chômage à la fin du XIXe siècle : pour gérer des populations que l'on ne pouvait plus insérer normalement dans la société[2]. Le citoyen perd dans ce cas moralement ce que gagne financièrement l'allocataire : c'est au prix d'une mise à l'écart de la société que s'exerce une forme de solidarité.

1. Cf. Pierre Belet, « Au pays de la tolérance, les faux invalides sont rois », *Espace social européen*, 2 juillet 1993.

2. Cet usage social de la catégorie de handicapé doit se distinguer de son usage politique sur le mode italien. En Italie, le nombre d'invalides indemnisés est ainsi passé de 400 000 en 1980 à 1 200 000 en 1992, le phénomène étant particulièrement marqué dans le Sud (cf. D. Variano, « Les faux handicapés, symboles du clientélisme électoral », *Courrier international*, 9 décembre 1993).

## L'impasse du revenu d'existence

L'idée de revenu d'existence se présente au contraire comme une tentative de réconcilier l'assistance et la dignité civique. Elle a fait surface ces dernières années sous des appellations différentes – allocation universelle, revenu de citoyenneté, *basic income* en anglais – et consiste à verser à chaque individu, de la naissance à la mort, sans condition d'emploi ou de revenu ni contrepartie, un revenu de base permettant de couvrir des besoins essentiels dont les seules variations dépendraient du nombre et de l'âge des enfants à charge[1]. Il s'agit, pour les partisans de cette mesure, de traiter la question de l'exclusion et de la pauvreté sans mise en place de dispositifs d'ordre étroitement assuranciel.

La justification fondamentale d'un tel revenu d'existence est indissociablement économique et morale. Elle part du constat que la production des richesses n'est pas seulement déterminée par les apports instantanés en travail et en capital des agents économiques, mais qu'elle dépend aussi d'une sorte de fonds social hérité et indivisible (le niveau technique, le système éducatif, la tradition culturelle). Le revenu d'existence peut être considéré comme la répartition égalitaire du revenu de ce fonds[2]. A quel montant pourrait être fixé un tel revenu ? Il est

1. Pour une approche d'ensemble, cf. « Pour ou contre le revenu minimum, l'allocation universelle, le revenu d'existence », numéro spécial de *Futuribles*, février 1994.

2. Pour une présentation économique et philosophique approfondie, cf. Philippe Van Parijs (ed.), *Arguing for Basic Income. Ethical Foundations for a Radical Reform*, Londres, Verso, 1992. On peut noter ici que l'État d'Alaska verse depuis 1982 à chaque résident, de manière indifférenciée et inconditionnelle, un revenu pouvant aller jusqu'à 1 000 dollars par an ; ce revenu est financé par la rente provenant de l'exploitation pétrolière.

difficile de le déterminer « scientifiquement » dans le cadre de l'analyse présente. Son niveau envisagé est pourtant déterminant pour caractériser sa véritable nature. S'il était de l'ordre de celui des allocations familiales actuelles, il ne ferait que réorganiser sous une forme nouvelle et dans un cadre philosophique réadapté des prestations traditionnelles. S'il approchait du RMI, voire même du SMIC, ce serait une forme de redistribution effective du revenu national équivalant à une sorte de salariat civique. Ses partisans ont avancé un chiffre intermédiaire : 1 500 francs par mois et par personne[1]. Point essentiel à souligner : les tenants du revenu d'existence insistent sur le fait que son versement s'accompagnerait de la réduction des diverses prestations actuellement versées (indemnités de chômage, allocations familiales, aides sociales diverses).

On pourrait évaluer pratiquement une telle idée à partir de son coût et des problèmes que poserait sa mise en œuvre, ou même discuter de la pertinence de l'argumentation économique qui la fonde. Ce n'est pas notre objet. Restons-en à l'idée directrice et à sa visée généreuse pour en explorer les implications sociales et philosophiques. Par son principe même, elle est en effet au cœur du débat actuel sur la coupure entre l'économique et le social. Pour le dire d'emblée, il me semble que l'allocation universelle constitue la pointe extrême de la société d'indemnisation beaucoup plus qu'elle n'annonce une nouvelle approche du social. Elle représente la figure perverse et paradoxale de la clôture de la conception classique de l'État-providence. Expliquons-le brièvement.

L'idée d'allocation universelle constitue à sa façon un symptôme de la tendance à la dissociation croissante entre la sphère

---

Ph. Van Parijs considère que la rareté principale est aujourd'hui l'emploi ; le revenu d'existence apparaît alors comme une façon de redistribuer les rentes d'emploi.

1. Cf. les calculs de Pierre Riché, *Futuribles*, revue citée, p. 31 et 39.

de l'activité économique et celle de la solidarité. Elle offre pour cette raison l'occasion d'une surprenante convergence entre un point de vue ultra-libéral et un certain communisme utopique : elle a deux faces, comme Janus. Dans la dimension d'utopie positive, elle exprime le fondement irréductiblement civique du lien social et en déduit le droit à un revenu non indexé sur l'activité. Mais l'allocation universelle a aussi beaucoup de partisans dans les milieux ultralibéraux. Pour Milton Friedmann, une forme de revenu social minimum a le double avantage de mettre en place un certain filet de sécurité (et donc de satisfaire à une préoccupation morale) tout en rendant possible un jeu complètement libre du marché du travail. Si chaque individu est assuré d'un minimum, il peut en effet accepter ou être contraint d'accepter un emploi mal rémunéré. Ralph Dahrendorf a expliqué dans cet esprit que l'instauration d'un revenu de citoyenneté accroîtrait la flexibilité du marché du travail en permettant d'abaisser le salaire minimum[1]. L'État-providence est donc dans ce cas la condition paradoxale du libéralisme sauvage : un macro-contrat social légitime le fonctionnement totalement asocial du marché au niveau micro-économique, la recherche d'efficacité et la préoccupation de solidarité étant complètement déconnectées.

En dissociant de manière radicale l'économique du social, le revenu d'existence permet de reléguer la question de l'emploi au second rang. « La bataille pour l'emploi est un combat d'arrière-garde », estime ainsi l'Association pour l'instauration d'un revenu d'existence[2], tandis que Jean-Marc Ferry écrit : « Instaurer l'allocation universelle, c'est renoncer à se crisper

1. Ralph Dahrendorf, « A Citizen's Income Would Cut Red Tape », *Financial Time*, 14 janvier 1994. Cf. aussi Claude Gamel, « Les bas salaires dans la pensée libérale. De l'opposition au salaire minimum à son dépassement ? », in *Les Bas Salaires et les Effets du salaire minimum*, Paris, L'Harmattan, 1994.

2. Cf. *Futuribles*, revue citée, p. 31.

sur le thème anachronique du plein emploi[1]. » La vision d'une société « post-travail » se mêle là de façon équivoque à la perspective dualiste d'une séparation entre le monde du travail et celui de l'assistanat. Les perspectives, *a priori* généreuses, ouvertes par l'idée d'allocation universelle conduisent pour cette double raison à un retournement paradoxal : l'avancée du droit social finit par cautionner l'exclusion[2].

C'est à rebours de cette direction qu'il faut au contraire s'engager pour dépasser les limites de l'État passif-providence. L'insertion par le travail doit d'abord rester la pierre angulaire de toute lutte contre l'exclusion. L'appartenance à une collectivité n'implique pas seulement que s'exerce un régime de solidarité. Il y a encore plus profondément le principe d'une *utilité réciproque* qui lie ses membres. Au-delà d'un certain « droit au revenu », il y a un « droit à l'utilité ». Ce n'est pas pour le droit à être logé, vêtu et nourri par un État-providence veillant paternellement sur les personnes que se sont battus les hommes : c'est d'abord pour le droit de vivre de leur travail, d'associer leur revenu à la reconnaissance d'une fonction sociale. Le contrat social général ne peut donc pas être complètement dissocié des contrats particuliers de travail. Pour cette raison, c'est beaucoup plus dans le sens d'une réinvention de l'idée de droit au travail que dans celui de la formation d'un droit au revenu qu'il faut s'engager aujourd'hui pour aller de l'avant.

1. J.-M. Ferry, « La troisième révolution », *Le Monde des débats*, mai 1993.

2. Cf. les remarques très justes de Denis Clerc, « Les pièges du revenu d'existence », *Alternatives économiques*, avril 1994, et d'André Gorz, « Revenu minimum et citoyenneté. Droit au travail *vs* droit au revenu », *Futuribles*, revue citée.

## De l'indemnisation à l'insertion

L'heure d'une grande rupture est arrivée. Nous sommes en effet économiquement et intellectuellement bloqués. Le blocage de notre imagination n'est pas moins fort que les contraintes financières. Nous ne pouvons pas nous en sortir par la fuite en avant, en continuant à laisser se développer l'État passif-providence, quelles qu'en soient les modalités. Nous n'en avons d'abord pas les moyens financiers. Mais même si nous les avions, nous irions dans l'impasse, la dissociation toujours plus aiguë de l'économique et du social menant fatalement à une autodestruction de la solidarité et à une mise à l'écart toujours plus marquée des exclus. Nous pouvons certes toujours songer à différer cet engrenage fatal, en maîtrisant mieux toute une série de dépenses : même au bord du gouffre il y a toujours une petite marge de manœuvre. Mais cela ne saurait constituer une solution d'avenir.

Peut-on à l'inverse rêver d'un retour en arrière au temps de ces « politiques sociales invisibles » qui permettaient d'intégrer à l'intérieur du système productif la gestion d'une partie du social ? Peut-on recréer les poches d'archaïsme protecteur que nous avons évoquées ? La question est aujourd'hui au centre du débat politique. Elle est abordée à partir des problèmes posés par l'organisation du commerce international et les conséquences de l'insertion accrue dans la division internationale du travail. L'argument protectionniste trouve en effet là sa principale racine : pour que les entreprises puissent employer à nouveau des individus moins performants, recréer tous ces « petits boulots » internes à l'entreprise supprimés par l'impératif de productivité, il faudrait desserrer la contrainte extérieure.

On ne discutera pas ici l'argument proprement économique des bénéfices que l'on peut attendre d'un protectionnisme raisonné[1]. Mais la question n'en reste pas moins posée, en termes sociologiques et organisationnels : n'est-on pas allé trop loin dans la modernisation, c'est-à-dire dans la séparation de l'économique et du social ? Si l'on répond positivement et que l'on refuse l'illusion protectionniste, que faire ? Revenir en arrière apparaît peu pensable, sauf à petite échelle. Si la RATP peut embaucher du personnel d'accueil ou de surveillance, on la voit mal revenir au temps des poinçonneurs et des agents de quai. Si le coût du travail est réduit, les entreprises pourront peut-être embaucher plus facilement, mais elles ne retourneront pas pour autant aux modes d'organisation antérieurs et à ces petites poches d'emplois quasi protégés dont on déplore la perte. Il est par contre nécessaire de rechercher le moyen de produire des *effets équivalant* à cet ancien mode d'encastrement du social dans l'économique.

On pourrait formuler l'objectif à poursuivre aujourd'hui dans les termes suivants : trouver la façon moderne de réaliser une certaine internalisation du social, afin de mener de front modernisation économique et reconstruction du tissu social ; être d'une certaine façon moderne *et* archaïque en même temps. Cette façon de poser les problèmes qui est la nôtre n'est pas sans antécédents. Dans la deuxième moitié du XIXe siècle déjà on s'interrogeait dans des termes analogues, en se demandant comment il était possible de concilier les vertus protectrices de l'ancien système corporatiste avec l'économie de marché ; d'être moderne économiquement tout en restant socialement archaïque d'une certaine façon. « La grande affaire de notre temps, expliquait ainsi Émile Laurent, l'un des

1. Cf. « *Managed trade*. La régulation des échanges internationaux » (sous la direction de Jean Peyrelevade), *Notes de la Fondation Saint-Simon*, septembre 1994.

principaux penseurs sociaux des années 1860, est la découverte des garanties sociales à substituer à celles que la Révolution a détruites et dont le régime industriel rend l'absence encore plus saillante[1]. »

La solution apportée au XIXe siècle à cette équation a été de mettre en place la société assurancielle. Quel équivalent de cette « invention du social[2] » pourrions-nous imaginer aujourd'hui ? C'est à partir de l'idée d'insertion qu'il faut essayer d'avancer. La nécessité de sortir de l'État passif-providence et la recherche d'une nouvelle forme d'insertion économique convergent ici pour mettre à l'ordre du jour une réflexion d'un nouveau type sur l'emploi, réflexion indissociable d'une recompréhension élargie des droits sociaux.

Posons la question dans ces termes : comment passer d'une société d'indemnisation à une société d'insertion ? C'est en effet seulement par la réintégration des individus dans la sphère du travail que peut être brisé le cercle vicieux qui fait que la solution du problème (l'indemnisation du chômeur) contribue paradoxalement à aggraver le même problème (le chômage), comme on l'a rappelé. La centralité de la question de l'emploi tient cependant aussi à un autre facteur : l'emploi représente le seul vecteur de l'exclusion auquel une action publique peut vraiment s'appliquer avec efficacité. L'État ne peut rien, ou presque rien, en effet, pour resserrer les liens familiaux et sociaux qui constituent une variable essentielle de l'exclusion : faute de pouvoir faire du « sociétal », l'État doit ainsi doublement faire de l'« économique ». Il n'est pas étonnant dans ces conditions que la création d'emplois favorisée par l'État apparaisse pour 63 % des Français comme la mesure

1. Émile Laurent, *Le Paupérisme et les Associations de prévoyance*, *op. cit.*, t. I, p. 23.
2. Cf. Jacques Donzelot, *L'Invention du social*, Paris, Éd. du Seuil, coll. « Points Essais », 1994.

sociale prioritaire[1]. Le problème est que les emplois ne se décrètent pas, pas plus que l'on ne peut déclarer illégal le chômage ! Peut-on alors au moins trouver la voie d'un nouveau mode d'indemnisation du chômage, qui permette de sortir du cercle vicieux ?

Depuis dix ans, bien des voies nouvelles ont été explorées pour tenter de faire évoluer la notion passive d'indemnisation, de telle sorte que la rémunération de l'inactivité puisse au moins partiellement se transformer en rétribution d'une activité. Dans tous les pays, des programmes JOB aux États-Unis aux contrats emploi-solidarité en France, des expériences ont été tentées dans cette direction. Il ne s'agit pas ici de les recenser et de les discuter. Mais il faut souligner que les différentes procédures restent presque toujours marquées du sceau de l'improvisation. Cela ne tient pas seulement aux circonstances et aux conditions de la décision publique. La raison est plus profonde, elle touche aux principes mêmes : ces différentes mesures restent fragiles parce qu'elles ne s'appuient sur aucune conception cohérente.

C'est à la clarification philosophique de cette transmutation de l'indemnisation en insertion qu'il faut aujourd'hui s'atteler et c'est à la question du droit au travail qu'il s'agit de retourner, d'une manière ou d'une autre. Le détour par l'histoire n'est pas inutile pour tenter d'éclairer la réflexion sur ce point.

1. Cf. le sondage IFOP « Les attentes des Français en matière sociale », *Espace social européen*, 10 avril 1992.

CHAPITRE V

# LE DROIT AU TRAVAIL : HISTOIRE D'UN PROBLÈME

Le moment révolutionnaire

Aux origines : contrainte et assistance

L'expérience des ateliers de charité

Les paradoxes du droit au travail

L'assistance par le travail

Les débats de 1848

La critique du droit

Le passé d'une idée

Passer d'une société d'indemnisation à une société d'insertion invite à reprendre la question du droit au travail. Il ne s'agit certes pas de renouer avec l'utopie vague et généreuse des quarante-huitards. Il convient plus modestement de rechercher comment on peut redéfinir le mode de composition des droits et des devoirs entre l'individu et la société en matière de travail et de protection sociale. C'est une interrogation qui n'est pas neuve : le pacte social est aussi en son essence originaire un contrat d'insertion sociale. Les formes de ce contrat et ses modalités de mise en œuvre n'ont cessé d'alimenter les interrogations politiques et juridiques depuis la naissance de l'État moderne. Mais nous avons perdu le fil de ces débats depuis un siècle, le développement de l'État-providence et la croissance les ayant un temps rendus presque sans objet. Il faut y revenir pour donner la profondeur historique nécessaire aux réflexions d'aujourd'hui[1].

1. On pourra consulter sur le sujet deux anciens ouvrages de synthèse : Édouard Cormouls-Houlès, *L'Assistance par le travail*, Paris, 1910, et Marc Lecoq, *L'Assistance par le travail et les Jardins ouvriers en France*, Paris, 1906.

## Le moment révolutionnaire

Lorsque l'on discute en 1789 le projet de *Déclaration des droits de l'homme et du citoyen*, on s'accorde de tous côtés pour reconnaître que la société doit aider ceux de ses membres qui se trouvent dans la détresse. Les secours publics, dit-on, correspondent à une « dette sacrée ». Mais en même temps qu'ils proclament ce droit à l'assistance, les hommes de 1789 ne le séparent pas d'un autre élément plus fondamental encore : le droit à vivre de son travail.

Le droit à l'assistance n'est à leurs yeux qu'un substitut à ce droit plus essentiel à être inséré dans la société, à participer à l'utilité générale, pour employer une expression alors très répandue. « Le corps politique, note par exemple Target, doit à chaque homme des moyens de subsistance, soit par la propriété, soit par le travail, soit par le secours de ses semblables[1]. » Tout citoyen a droit d'exiger de la société qu'on lui fournisse du travail ou des secours s'il est infirme », précise même Duport[2]. Presque tous les constituants s'accordent sur ce point : chaque homme doit trouver à vivre par son travail ; les secours publics ne sont qu'un palliatif. On se représente ainsi une sorte d'économie générale de l'insertion sociale dont le travail constitue le vrai pivot : c'est à partir de lui que l'on pense d'abord la solidarité et l'interaction sociales. Modérés et radicaux se rejoignent pour affirmer ce principe pendant la Révolution. Il n'y a pas sur ce point de rupture entre le discours de 1789 et celui de 1793. On a souvent vu dans le texte de la loi du 19 mars 1793

1. Cité par Marcel Gauchet, *La Révolution des droits de l'homme*, Paris, Gallimard, 1989, p. 96.
2. *Ibid.*, p. 98.

une des premières expressions du programme de l'État-providence : « Tout homme a droit à sa subsistance par le travail s'il est valide ; par des secours gratuits s'il est hors d'état de travailler. Le soin de pourvoir à la subsistance du pauvre est une dette nationale. » Mais c'est en fait une formulation du problème social qui est acquise dès 1789.

Comment institutionnaliser ce principe ? C'est la grande question. Dès l'été 1789, Malouet appelle de ses vœux la mise en place d'un système de « bureaux de secours et de travail[1] ». Dans une courte brochure qui connaît un vif succès, *De la nécessité et des moyens d'employer avantageusement tous les gros ouvriers*, Boncerf plaide dans le même sens en demandant que des grands travaux soient réalisés pour employer les ouvriers sans travail. « Les premiers créanciers de la nation, écrit-il, sont les bras qui demandent de l'ouvrage[2]. » La moisson désastreuse de l'année 1789 donne un caractère d'urgence à ces projets en faisant affluer à Paris une multitude d'ouvriers désœuvrés. Moins de deux mois après la prise de la Bastille, les pouvoirs publics s'attachent ainsi à organiser des chantiers destinés à occuper cette population : canalisation de l'Ourcq ; enlèvements d'immondices sur les bords de la Seine ; travaux divers d'aménagement des faubourgs, etc. Des chantiers analogues, qualifiés d'*ateliers de secours*, sont également ouverts en province à la même époque[3].

1. Cf. ses propositions étonnamment modernes formulées à l'Assemblée constituante le 3 août 1789 (*Réimpression de l'ancien Moniteur*, t. I, p. 272-276). En même temps qu'ils auraient été destinés à proposer des travaux publics aux indigents, ces « bureaux de secours et de travail » devaient jouer pour lui le rôle d'une sorte d'agence de l'emploi, en recensant à la fois la main-d'œuvre disponible et les besoins de l'économie. Il faut rappeler que Malouet est un « monarchien », qui appartient à la droite de l'Assemblée : cela montre que même les plus modérés adoptent alors une position assez radicale sur les problèmes du droit au travail.

2. Boncerf, *De la nécessité...*, p. 16.

3. Sur ces ateliers de secours, cf. Alexandre Tuetey, *L'Assistance publique à Paris pendant la Révolution*, Paris, 1895-1897, 4 vol. (très riche

## Aux origines : contrainte et assistance

Le souci de répondre à l'indigence par la fourniture de travail, et non par le versement d'aumônes, n'avait rien d'original. Dès le début du XVIe siècle, la préoccupation est présente. Elle est en effet liée à la définition même de l'État moderne comme État protecteur. L'idée que « la misère des peuples est un tort des gouvernements » est indissociable de l'avènement de la modernité politique : elle est la conséquence logique d'une appréhension de l'État comme réducteur d'incertitude et producteur de sécurité. Il est alors largement admis que le roi doit « donner les moyens de vivre à ses peuples nécessiteux », selon une formule courante dans laquelle le programme de l'État protecteur s'exprime avec les accents d'un paternalisme archaïque. Mais cette nécessité de fournir du travail aux pauvres n'est pas considérée comme une simple dette morale de la société. Elle reste complètement encastrée dans une vision indissociablement disciplinaire et archaïque du social.

On entend aussi mettre au travail des classes virtuellement dangereuses pour les contrôler et les moraliser ; on se préoccupe de fixer sur le territoire les vagabonds et les gens sans aveu. Une ordonnance du Parlement de Paris, en février 1515, est tout à fait caractéristique à cet égard. C'est dans ce texte qu'est officiellement affirmée pour la première fois la nécessité de donner du travail aux individus désœuvrés[1]. Mais ceux-ci

---

recueil documentaire), et Léon Lallemand, *Histoire de la charité*, t. IV et V, *Les Temps modernes (XVIe-XIX[e] siècle)*, Paris, 1910.

1. On en trouvera le texte commenté dans l'article de Gaufrès, « L'assistance par le travail sous l'Ancien Régime », *Bulletin de la Société nationale pour l'étude des questions d'assistance*, 1893. Pour une vision générale de ce genre de mesure, cf. Christian Paultre, *La Répression de la mendicité et du vagabondage en France sous l'Ancien Régime*, Paris, 1906.

ne sont pas considérés comme des « chômeurs ». Inactivité économique et délinquance sociale sont encore mal distinguées. L'ordonnance range ainsi dans une même catégorie les « marraux, vaccabonds, incorrigibles, bélistres, ruffians, caymens et caymendeuses ». Offre de travail aux nécessiteux et travaux quasi forcés sont du même coup complètement confondus. On prévoit d'ailleurs significativement d'enchaîner les pauvres qui seront invités à effectuer les travaux de curage des fossés, de nettoyage des rues ou de réfection des murailles de la ville. Ces mesures ne se distinguent donc guère sur le fond des dispositions mises en place dès le XIVe siècle pour enrôler de force les « gens oyseux » sur les chantiers de travaux publics[1]. Au XVIIe siècle, l'Hôpital général (fondé en 1656) représentera le sommet de cette philosophie répressive, en enfermant les mendiants pour les mettre au travail. Les lois anglaises sont tout aussi rigoureuses : en 1547, un règlement d'Édouard VI va jusqu'à rétablir dans certains cas l'esclavage pour les vagabonds[2]. La mise au travail des mendiants correspond d'abord là à un objectif disciplinaire.

La dimension économique du traitement de la pauvreté n'apparaît que progressivement. Dès le XVIe siècle, un ouvrage pionnier y fait pourtant explicitement référence. Dans ce qui constitue le premier traité systématique consacré aux politiques publiques d'assistance, *De subventione pauperum* (De l'assistance aux pauvres), publié en 1525, l'Espagnol Juan Luis Vivès considère que la principale mesure de lutte contre le paupérisme consiste à organiser le travail : « Pour qu'il ne

1. En 1367, la municipalité parisienne prend ainsi des dispositions pour obliger les mendiants à curer les fossés de la ville. Robert Castel note justement que « l'objectif prioritaire des textes qui apparaissent vers 1350 n'est pas d'administrer des secours, mais de maintenir l'organisation traditionnelle du travail » (« La question sociale commence en 1349 », art. cité, p. 12).

2. Cf. les références données sur ce point par L. Lallemand, *Histoire de la charité*, *op. cit.*, t. I, p. 185-187.

manque point d'ouvriers aux fabricants, et qu'il ne manque pas d'ateliers aux pauvres, que l'autorité publique assigne à chaque fabricant un certain nombre de ceux qui ne peuvent avoir un atelier à soi[1]. » Vivès va jusqu'à appeler de ses vœux une sorte d'économie publique de l'emploi. Parlant des pauvres qui pourraient se regrouper pour ouvrir un atelier, il écrit : « A ceux-là, de même qu'à ceux à qui le magistrat assignera quelques apprentis, on leur confiera soit les travaux publics de la cité qui sont très nombreux ; soit tous les travaux qu'il peut être nécessaire d'exécuter dans les hôpitaux, afin que tous les capitaux et intérêts qui, dès le principe, furent destinés aux pauvres, se consomment parmi les pauvres[2]. »

Un siècle plus tard, les premiers économistes (ceux qui inventent le terme d'économie politique et que l'on qualifiera de mercantilistes en référence à leur visées protectionnistes) insistent, de leur côté, sur le concours à l'accroissement de l'utilité sociale générale que représente la mise au travail des personnes désœuvrées[3]. C'est pourtant seulement au XVIIIe siècle, que le recours aux travaux publics sera prioritairement considéré dans sa dimension économique pour traiter la pauvreté, en se dégageant, au moins partiellement, de la gangue moralisatrice et disciplinaire des origines.

On cesse aussi à cette époque d'appréhender la question des travaux de secours à partir d'une approche globale du social pour commencer à penser en termes de droit des individus. L'article « Travail » de l'*Encyclopédie* note ainsi : « Tout homme qui n'a rien au monde, à qui on défend de mendier, a droit de demander de vivre en travaillant. » C'est dans cet

1. Juan Luis Vivès, *De subventione pauperum* (1525), nouvelle éd., Bruxelles, 1943, p. 203.
2. *Ibid.*, p. 203-204.
3. Cf. le chapitre « Utiliser les inutiles » de l'ouvrage de Philippe Sassier, *Du bon usage des pauvres. Histoire d'un thème politique, XVIe-XXe siècle*, Paris, Fayard, 1990.

esprit que des *fonds de travaux de charité* sont organisés dans de nombreuses régions françaises dans les années 1770[1]. Turgot donnera une impulsion considérable à ce mouvement par un règlement de 1775[2]. La notion d'*ateliers de charité* était à partir de cette date clairement distinguée des formes antérieures de travail quasi forcé. « Depuis longtemps on cherche la pierre philosophale : elle est trouvée, c'est le travail », pouvait conclure l'un des plus importants ouvrages du XVIIIe siècle consacré à l'abolition de la mendicité[3].

## L'expérience des ateliers de charité

C'est donc tout naturellement que l'idée d'ateliers de charité avait resurgi pendant la Révolution. Dès sa mise en place, le Comité de mendicité reprend à son compte le principe de l'assistance par le travail. Pour ses membres, la seule solution réelle à l'indigence passe par la création d'emplois pour les individus valides que la situation économique condamne à

1. Cf. Robert M. Schwartz, *Policing the Poor in Eighteenth Century France*, Chapell Hill, The University of North Carolina Press, 1988.

2. Cf. son *Instruction pour l'établissement et la régie des ateliers de charité dans les campagnes* du 2 mai 1775. Turgot note dans le préambule : « Le Roi, ayant bien voulu arrêter qu'il serait chaque année accordé aux différentes provinces des fonds pour soulager les habitants des villes et des campagnes les moins aisés, en leur offrant du travail, Sa Majesté a pensé que le moyen le plus sûr de remplir ces vues était d'établir des ateliers de charité dans les cantons qui auront le plus souffert par la médiocrité des récoltes, et de les employer, soit à ouvrir des routes nouvelles, soit à réparer les chemins de traverse » (Gustave Schelle, *Œuvres de Turgot et Documents le concernant*, Paris, 1922, t. IV, p. 503-504).

3. Abbé Malvaux, *Les Moyens de détruire la mendicité en France, en rendant les mendiants utiles à l'État sans les rendre malheureux*, Paris, 1780, p. 323 (toute la deuxième partie de l'ouvrage, p. 323-477, est consacrée à la nécessité du travail).

l'oisiveté. D'où l'importance à leurs yeux, pour un bon gouvernement, de toujours veiller à ce que le niveau de l'emploi soit indexé sur l'accroissement de la population. Mais les ateliers de secours qui sont organisés à partir de l'été 1789 posent vite de graves problèmes d'organisation[1]. Leurs responsables sont d'abord submergés par le nombre d'individus qui s'y présentent. Le seul chantier de la butte Montmartre passe par exemple en quelques semaines de 2000 à 17000 travailleurs. Très rapidement, les ateliers n'arrivent plus à faire face aux problèmes de discipline. Par définition, aucune sélection n'était opérée : il suffisait pour y être admis d'avoir 16 ans et d'être domicilié sur le lieu de travail. Les ouvriers sont mal encadrés, beaucoup sont improductifs et un grand nombre de profiteurs ne se dérangent même pas pour faire acte de présence, ne venant que les jours de paye. En même temps qu'un droit social est affirmé, sa mise en œuvre apparaît ainsi vite problématique.

Les ateliers deviennent critiqués de toutes parts. Pour remédier à tous ces problèmes, on multiplie sans succès les règlements. La situation devient si alarmante que l'Assemblée constituante décrète le 31 août 1790 la réorganisation de tous les ateliers sur des bases nouvelles. On distingue notamment deux types : dans les uns, les valides devaient travailler à la tâche ; dans les autres, les hommes d'une capacité inférieure étaient payés à la journée ; mais dans les deux cas, le salaire devait toujours rester au-dessous du cours normal. On met aussi en place une organisation beaucoup plus hiérarchisée et beaucoup plus contraignante. Dans l'hiver 1790, une somme considérable (15 millions de livres) est allouée au fonctionnement de ces nouveaux ateliers. Mais les dysfonctionnements

1. Cf. sur ce point J.-B. Plaisant, *L'Administration des ateliers de charité 1789-1790*, Paris, 1906, et Alan Forrest, *La Révolution française et les Pauvres*, Paris, Perrin, 1986.

antérieurs ne sont pas maîtrisés, de telle sorte que les ateliers de secours sont définitivement fermés au printemps 1791. Seuls des *ateliers de filature*, destinés aux femmes et aux enfants, continueront à fonctionner pendant la Révolution.

Les conditions d'improvisation de ces ateliers ont certes beaucoup compté dans leur échec. Mais les principes sur lesquels reposait le système sont aussi en cause. L'organisation des ateliers comme instruments d'éradication de la mendicité impliquait en effet d'adopter une position claire sur trois questions : l'obligation ou non de travailler pour les indigents ; le statut de la rémunération (salaire ou secours) ; le sens juridique des ateliers (expression d'un droit au travail, créant ainsi une obligation pour les pouvoirs publics, ou simple instrument de politique sociale conjoncturelle). Or, la réflexion restait hésitante sur chacun de ces points.

Le problème de l'obligation d'abord. Il était essentiel, et il n'était pas nouveau : depuis le XVIe siècle au moins, il était au centre des politiques de répression de la mendicité. La distinction entre le « vrai pauvre », qui méritait d'être secouru, et le « faux mendiant », qui ne cherchait qu'à vivre aux crochets de la société, restait toujours une préoccupation essentielle pour les philanthropes. La mendicité ne pouvait en effet être considérée comme un délit que si chacun pouvait effectivement trouver un travail. D'où l'importance indissociablement morale et économique des ateliers de charité : l'offre de travail qu'ils proposaient ne constituait pas seulement une réponse économique à l'indigence, elle permettait aussi de tracer clairement la frontière morale de l'exercice de la dette sociale.

Mais comment parler alors de droit aux secours publics sans envisager l'obligation de prendre les emplois proposés ? Le plan de travail pour l'extinction de la mendicité, que La Rochefoucauld-Liancourt avait présenté à la Constituante en janvier 1790, adoptait sur ce point une attitude dépourvue d'ambiguïté : « Le devoir de la société est de chercher à prévenir la misère, de la secourir, d'offrir du travail à ceux auxquels il est nécessaire pour vivre, *de les y forcer s'ils refusent*, enfin d'assister sans travail, ceux à qui l'âge ou les infirmités ôtent tout moyen de s'y livrer. Tel est le sens qui est donné à cet axiome politique que tout homme a droit à sa subsistance, et à cette vérité incontestable que la mendicité n'est un délit que pour celui qui la préfère au travail[1]. » D'où la célèbre formule : « Si celui qui existe a le droit de dire à la société : *fais-moi vivre*, la société a également le droit de lui répondre : *donne-moi ton travail*[2]. »

Cette obligation pouvait-elle avoir un fondement juridique, de telle sorte que tout individu soit conduit à choisir entre un travail « forcé » résultant de sa condamnation pour délit de mendicité et un travail « libre » effectué dans un atelier public ? Le droit nouveau à l'assistance ne risquait-il pas alors d'entraîner paradoxalement une forme de contrainte inédite pour les individus ? Les pouvoirs publics de l'époque ne disposaient pas des moyens réels pour faire appliquer de tels principes (les condamnations des mendiants aux galères, prévues par la loi au XVIIe siècle, n'étaient par exemple pas prononcées dans la pratique). Cette limite pratique leur permettait de ne pas aller au fond des questions posées. C'est ce qui s'est passé avec les ateliers de charité : on a préféré les fermer pour des motifs présentés comme circonstanciels plutôt que de répondre

1. La Rochefoucauld-Liancourt, *Plan de travail pour l'extinction de la mendicité*, janvier 1790, *in* C. Bloch et A. Tuetey, *Procès-verbaux et Rapports du Comité de mendicité de la Constituante*, Paris, 1911, p. 317. (C'est moi qui souligne.) Dans un discours à la Constituante du 30 mai 1790, La Rochefoucauld avait insisté : « Tout homme inutile à la société lui est nuisible, tout individu doit concourir à la prospérité publique par les moyens que la nature lui a départis. Le travail est donc un devoir envers la société. La société doit exiger que ce travail soit rempli » (*Réimpression de l'ancien Moniteur*, t. IV, p. 497).

2. *Premier Rapport du Comité de mendicité* (12 juin 1790) in *Procès-verbaux et Rapports du Comité de mendicité*, *op. cit.*, p. 327.

radicalement aux interrogations juridiques et philosophiques suscitées par leur fonctionnement.

D'un point de vue économique, les ateliers de charité versaient une rémunération inférieure au niveau du marché. On cherchait ainsi pratiquement à éviter un afflux trop grand de travailleurs. Mais le statut de cette rémunération restait en fin de compte indéterminé, oscillant entre la notion classique de salaire (rémunérant un travail) et celle de secours public (contrepartie d'une dette morale de la société). Comme si c'était au fond la nature même de l'activité exercée qui était problématique, sorte de réalité intermédiaire entre un travail et une occupation. Tant que ce type d'appel au travail pour lutter contre la mendicité s'inscrivait dans une perspective franchement disciplinaire, la question ne se posait pas. Le travail était clairement une *peine* ; il avait plus pour objectif de dresser des hommes que de fournir un produit véritablement utile. Au XVII^e siècle, l'auteur d'un ouvrage sur *La Police des pauvres de Paris* estimait ainsi que le travail était institué « plus pour empêcher que les gens oisifs ne mendient ou s'adonnent à dérober, et s'accoutument à travailler que pour la besogne qu'ils font[1] ». Mais dès que la notion juridique stricte de travail forcé s'effaçait, les choses devenaient confuses. Derrière l'incertitude des catégories économiques, c'est aussi tout simplement la tension entre les droits personnels (liberté, autonomie) et les droits sociaux de l'individu (prise en charge par la collectivité) qui se manifestait.

1. G. Montaigne, *La Police des pauvres à Paris* (s.d.), cité par Ph. Sassier, *Du bon usage des pauvres*, *op. cit.*, p. 114.

## Les paradoxes du droit au travail

Pouvait-on considérer que l'État se trouvait dans l'obligation de fournir des emplois à ceux qui en étaient dépourvus ? Y avait-il en d'autres termes la possibilité de définir un *droit au travail* ? Au tout début de la Révolution, on l'admettait explicitement. Ce n'est pas tant le principe de ce droit au travail que les conditions de son application qui apparaissaient problématiques. Si tous les constituants s'accordaient pour reconnaître que le gouvernement ne devrait jamais donner du travail qu'à ceux qui ne pouvaient absolument pas s'en procurer, l'appréciation de cette impossibilité n'était pas évidente.

Le Comité de mendicité a très bien exprimé sa perplexité sur ce point dans un rapport qu'il vaut la peine de citer longuement : « Comment reconnaître de manière précise cette impossibilité absolue ? y lit-on. Tel homme qui, s'il n'eût pas compté sur l'ouvrage fourni par le gouvernement, en eût été chercher à quelque distance que ce fût, assuré d'en trouver dans ses foyers, se présente, dit en manquer, et en manque véritablement. Tel autre évitera un travail pénible, certain d'en recevoir un plus doux des administrateurs auxquels il viendra en demander. Tel autre refusera de s'engager dans une entreprise de travail qui, l'occupant plusieurs mois, lui eût, pendant ce temps, assuré un salaire raisonnable, parce que, ne pouvant douter d'en trouver au jour et à l'heure qu'il voudra, il attendra le moment d'extrême nécessité pour venir exposer ses besoins. La différence des salaires ne sera qu'un faible obstacle à tous ces inconvénients impossibles à éviter ; car la paresse, l'indépendance et l'heureuse faculté de vivre au jour le jour ont et auront toujours un grand attrait pour le commun des hommes. Quel moyen aura le gouvernement, quelque multipliés, quelque divisés que l'on puisse supposer ses moyens d'administration, pour reconnaître les besoins véritables, ceux qui sont dus à l'empire des circonstances, à des malheurs que l'ouvrier n'a pu prévoir, ni réparer lui-même, d'avec les prétextes, les raisons spécieuses qui couvriront plus ou moins adroitement la paresse et l'imprévoyance ? Il faudrait donc qu'il descendît dans le détail des intérêts de chaque individu, de sa conduite, de toutes les petites circonstances qui peuvent encore influer sur sa situation actuelle. En peut-on concevoir la possibilité ? Et n'est-il pas au contraire évident qu'une telle assistance, dont le principe serait l'humanité et l'encouragement au travail, aurait des conséquences contraires à ses intentions, que le travail en perdrait nécessairement de son activité[1] ? »

Le paradoxe central du droit au travail était bien aperçu : les conditions de détermination des ayants droit risquent de conduire à un véritable contrôle des comportements. La sécurité matérielle des individus, en d'autres termes, se paierait du prix de la constitution d'un dangereux État surveillant du social. Il y a là une caractéristique des droits sociaux que les constituants n'ont pas approfondie mais qu'il est nécessaire de souligner rapidement. Contrairement aux droits civils dont la seule fonction est d'accroître la sphère d'autonomie des individus (d'où leur dénomination de droits-libertés ou de droits-autorisations) et qui résultent d'une pure concession, les droits sociaux définissent les formes d'une dette de la société envers les individus (d'où leur dénomination de droits-créances)[2].

Il y a une double spécificité des droits sociaux : ils ont

1. *Quatrième Rapport du Comité de mendicité* (1er décembre 1790), in *Procès-verbaux et Rapports du Comité de mendicité*, *op. cit.*, p. 427-428. Il est frappant de constater que Tocqueville développera un demi-siècle plus tard les mêmes interrogations, dans des termes très proches (cf. son *Mémoire sur le paupérisme* de 1835, reproduit *in* Alexis de Tocqueville, *Œuvres complètes*, t. XVI, *Mélanges*, Paris, Gallimard, 1989).

2. Cf. Luc Ferry et Alain Renaut, *Philosophie politique*, t. III, *Des Droits de l'homme à l'idée républicaine*, Paris, PUF, 1985.

d'abord un coût et s'inscrivent nécessairement dans une limite économique ; ils s'appliquent ensuite à des individus concrets et saisissent donc l'homme dans ses déterminations réelles. Le sujet au droit d'expression est l'homme, l'individu abstrait, alors que le sujet du droit à l'assistance publique est l'individu situé, défini par ses caractéristiques économiques et sociales. A l'intérieur même des droits sociaux, le droit au travail présente en outre une forte spécificité supplémentaire : les caractéristiques de l'ayant droit sur lesquelles il se fonde incluent une dimension subjective, elles impliquent la prise en compte d'un comportement. Le droit au travail est pour cette raison un *droit limite*, c'est-à-dire qu'il est à la frontière de la notion de droit. Nous y reviendrons plus loin.

Au-delà de ce paradoxe, que faire s'il n'est pas possible de définir un droit au travail qui impliquerait une garantie positive de résultat (donner un emploi à tous ceux qui le demandent) ? Dans l'*Encyclopédie*, Turgot avait essayé d'aborder autrement la question en élargissant la notion de droit-liberté : « Tout homme sain doit se procurer sa subsistance par son travail [...] Ce que l'État doit à chacun de ses membres, écrivait-il, c'est la destruction des obstacles qui les gêneraient dans leur industrie ou qui les troubleraient dans la jouissance des produits qui en sont la récompense[1]. » En d'autres termes, c'est en étendant sans cesse le champ de la liberté des individus que peut être assuré de fait l'*équivalent* du droit au travail. Si l'intervention de l'État crée un environnement et des conditions absolument favorables à l'activité économique, droit-créance et droit-liberté se confondent en matière de travail : le travail n'est plus qu'une question de volonté de l'individu, puisqu'il n'y a virtuellement plus d'inactivité involontaire possible.

Le Comité de mendicité de la Constituante a justifié dans ces termes la suppression des ateliers de charité : « C'est par une

1. Article « Fondation », in *Œuvres de Turgot...*, *op. cit.*, t. I, p. 590.

influence générale que le gouvernement doit agir dans les moyens de travail qu'il doit créer ; son intervention doit être indirecte ; il doit être le mobile du travail, mais éviter, pour ainsi dire, de le paraître[1]. » Cette philosophie de l'intervention publique qui vise à substituer une possibilité réelle à un droit formel ne correspond pas seulement à un parti pris procédural dans la conception de l'action de l'État ; elle traduit aussi la prise en compte d'un nouveau sujet : la collectivité et non plus l'individu. « Le gouvernement ne doit pas être prévoyant pour chaque particulier [...], mais il a le devoir de l'être pour tous. C'est par sa législation générale qu'il doit assurer, à tous ceux à qui le travail est nécessaire pour exister, les moyens assurés de s'en procurer », note le Comité[2]. On passe ainsi d'une approche individualiste à une approche statistique de la fourniture de travail : « Cette grande question ne peut être utilement résolue qu'à l'avantage du plus grand nombre », dit-on. Dans ce cadre, la notion même de droit n'a plus de sens. Face à une collectivité, la catégorie du droit s'efface en effet devant celle du *devoir d'implication* de l'État.

## L'assistance par le travail

Si la notion de droit au travail était écartée, l'idée que l'assistance par le travail constituait une alternative positive à toutes les formes d'aumônes allait rester très largement partagée au XIXe siècle, y compris dans les milieux libéraux. Le principe des ateliers de charité constitue toujours une sorte d'horizon indépassable pour les réformateurs sociaux et les philanthropes de la période qui continuent à s'exprimer dans

1. *Quatrième Rapport du Comité de mendicité*, *op. cit.*, p. 431.
2. *Ibid.*

les termes de La Rochefoucauld-Liancourt. Dans son célèbre traité *De la bienfaisance publique*, publié en 1839, Gérando réaffirme ainsi la supériorité de l'assistance par le travail : « Lorsqu'un indigent, capable de travail, n'est cependant pas occupé, ou lorsqu'il ne l'est pas du moins autant qu'il pourrait l'être, le secours doit lui être donné sous la forme du travail, et ne doit lui être donné que sous cette forme. Ce principe est fondamental dans le régime des secours publics. Si la société doit assister l'infortuné, elle ne doit rien à l'oisif. L'indigent qui refuse le travail dont il est capable, lorsque ce travail lui est offert, n'a aucun droit à recevoir, à titre de secours, ce qu'il eût pu retirer de son labeur. Non seulement il n'a aucun droit alors à être secouru, mais tout autre secours doit lui être refusé[1]. » Mais Gérando ne songe évidemment pas une seconde à inscrire cette politique sociale dans la perspective d'un quelconque droit au travail. Il est même à bien des égards beaucoup moins audacieux que ne l'étaient les constituants. Sa perspective est d'abord celle d'une entreprise de moralisation par une œuvre de charité. Elle ne vise nullement à proposer une politique générale et à traiter institutionnellement un problème social dans son ensemble.

A partir de cette période et jusqu'à la fin du XIXe siècle, c'est à travers la création d'œuvres charitables privées que tout un milieu paternaliste et philanthropique reprendra l'idée d'assistance par le travail, assistance exercée le plus souvent sous le régime de l'internat[2]. Une foule d'initiatives locales ont ainsi multiplié les « ouvroirs », les « refuges », les « asiles », les « maisons hospitalières ». A partir des années 1830, une forme d'aide par le travail va cependant susciter un intérêt particulier : la colonie agricole.

La fondation des colonies agricoles a provoqué de 1830 à

1. Joseph-Marie de Gérando, *De la bienfaisance publique*, Paris, 1839, t. III, p. 487.
2. Cf. sur ce point Marcel Lecoq, *L'Assistance par le travail*, *op. cit.*

1850 un enthousiasme philanthropique équivalant à celui des ateliers de secours au XVIIIe siècle. C'est en Hollande que se mènent à partir de 1818 les premières expériences. L'idée était simple : confier des terres incultes à défricher aux mendiants valides et par là même leur donner un travail et des moyens de subsistance, tout en exonérant la société de leurs frais d'entretien. Organisés sous la forme de sociétés philanthropiques par actions, les quatre établissements fondés en Hollande regroupaient près de 12 000 personnes vingt ans plus tard. L'expérience fut largement commentée en France. Dès 1832, Huerne de Pommeuse consacrait un livre de mille pages à la question[1] et Louis-Napoléon Bonaparte en faisait la clef de son *Extinction du paupérisme*[2]. Certains espéraient ainsi pouvoir subvenir aux besoins d'un ou deux millions d'indigents[3].

La colonie agricole permettait d'inscrire la préoccupation philanthropique et moralisatrice dans le cadre d'une vision traditionaliste du social. C'est pourquoi elle sera vivement encouragée dans les milieux catholiques et conservateurs. Chez les partisans de ce que l'on appelle l'économie politique chrétienne, on se méfiait en effet de l'industrie et des déracinements qu'elle provoquait, alors que l'on voyait dans l'agriculture la véritable base du travail indissociablement moral et fécond, gardien de la structure familiale et sociale. « Dans l'état actuel de la société, en France et en Europe, c'est dans l'agriculture que se trouve l'unique remède du paupérisme », note par exemple l'un des économistes les plus influents de la période, Villeneuve-Bargemont[4]. Les réalisations resteront

1. Huerne de Pommeuse, *Des colonies agricoles et de leurs avantages*, Paris, 1832.
2. Louis-Napoléon Bonaparte, *Extinction du paupérisme*, Paris, 1844.
3. Cf., par exemple, Rainneville, « Du paupérisme : moyens d'y remédier dans les grandes villes par la colonisation d'une partie de la population ouvrière », *L'Écho de la jeune France*, 1836, t. III, p. 253-255.
4. Alban de Villeneuve-Bargemont, *Économie politique chrétienne, ou Recherches sur la nature et les causes du paupérisme*, Paris, 1834, t. III, p. 217.

cependant limitées en France, et ne connaîtront un certain succès que sous la forme des colonies accueillant en majorité de jeunes délinquants (la plus connue d'entre elles étant celle de Mettray, près de Tours, dont Jean Genet fut au XXe siècle l'un des derniers pensionnaires). Il faudrait cependant aussi mentionner, malgré leur caractère particulier, les colonies agricoles fondées de 1848 à 1850 en Algérie. En septembre 1848, une loi avait ainsi prévu d'installer en Algérie 12000 ouvriers sans ouvrage. Quarante-deux villages seront bâtis mais, comme le coût de l'opération s'était élevé à près de 30 millions, l'expérience fut considérée comme un échec[1].

Ces différentes expériences n'ont en fin de compte concerné qu'un faible nombre de personnes même si elles ont joué un rôle central dans l'imaginaire social de la période. Elles n'ont en fait eu une certaine importance institutionnelle que dans leur version pénitentiaire, le travail étant alors considéré comme l'un des principaux vecteurs de la requalification morale des individus; plusieurs institutions ayant d'ailleurs un caractère mixte, accueillant à la fois des mendiants et des délinquants (c'était le cas des colonies en Hollande), verront aussi le jour. La révolution de 1848 remettra cependant à l'ordre du jour un type d'interrogation plus radicale.

1. Cf. Th. Lestiboudois, L. Reybaud et de Riancey, *Rapports sur les colonies agricoles de l'Algérie*, Paris, 1851. On notera que le ministre de l'Intérieur avait alors fait établir un rapport d'ensemble sur la situation des colonies agricoles dans différents pays européens : G. de Lurieu et H. Romand, *Études sur les colonies agricoles de mendiants, jeunes détenus, orphelins et enfants trouvés*, Paris, 1851.

## Les débats de 1848

Le 26 février 1848, un décret était placardé sur les murs de la capitale : « Le gouvernement provisoire de la République française s'engage à garantir l'existence de l'ouvrier par le travail ; il s'engage à garantir du travail à tous les citoyens. » Le gouvernement provisoire s'était fait forcer la main par Louis Blanc et ses amis. Deux semaines plus tard, les fameux *ateliers nationaux* étaient ouverts dans l'improvisation la plus totale. Ne rassemblant que quelques milliers d'hommes au départ, ils en réunissaient près de 100 000 à la veille des événements de juin, qui devaient sonner leur glas. L'expérience fut un échec monstrueux, à tel point que personne n'accepta d'en revendiquer ensuite la paternité[1]. Dès leurs premiers pas, les ateliers avaient d'ailleurs fait l'objet de violentes critiques. A gauche, on les accusait de n'incarner qu'une forme affadie et dégradée du droit au travail. Dans l'esprit de Louis Blanc et de ses amis, il aurait plutôt fallu mettre en place des ateliers coopératifs de production là où l'on aurait exproprié les capitalistes. Ils n'avaient de sens en tout cas qu'inscrits dans la perspective d'une marche vers le socialisme. François Vidal expliquait ainsi dans *Vivre en travaillant !* : « Le droit au travail, qu'on le sache ou qu'on l'ignore, implique nécessairement l'organisation du travail ; et l'organisation du travail implique la transformation économique de la société[2]. » A droite, on dénonçait l'absence de discipline qui y régnait, la faiblesse de leur rendement et les multiples

1. Cf. Émile Thomas, *Histoire des ateliers nationaux*, Paris, 1848 (reste l'ouvrage de référence sur le sujet).

2. François Vidal, *Vivre en travaillant ! Projets, voies et moyens des réformes sociales*, Paris, 1848, p. 19.

abus auxquels ils avaient donné lieu ; même si l'on reconnaissait qu'ils avaient permis de faire face au fort chômage et d'endiguer les revendications ouvrières du printemps 1848.

L'échec des ateliers n'avait pourtant pas conduit tout de suite à disqualifier l'idée de droit au travail. C'est même paradoxalement pendant cette période que le thème s'impose au centre du débat social et politique (dans les années précédant 1848, seuls Lamartine et Victor Considerant avaient en effet développé l'idée[1]). C'est au cours de la préparation de la constitution de 1848 que va avoir lieu la première vraie grande discussion sur le droit au travail, qui n'avait été qu'esquissée cinquante ans plus tôt.

Le premier projet de constitution, lu à la tribune par Armand Marrast le 20 juin 1848, quelques jours seulement avant que l'insurrection n'éclatât dans les rues de la capitale, consacrait les décrets du gouvernement provisoire. On y lisait à l'article 7 : « Le droit au travail est celui qu'a tout homme de vivre en travaillant. La société doit, par tous les moyens productifs et généraux dont elle dispose, et qui seront organisés ultérieurement, fournir du travail aux hommes valides qui ne peuvent s'en procurer autrement. » Et plus bas, à l'article 9 : « Le droit à l'assistance est celui qui appartient aux enfants abandonnés, aux infirmes et aux vieillards, de recevoir de l'État les moyens d'exister. » Après ces articles qui posaient les principes, l'article 132 indiquait les mesures d'application. « Les garanties

1. Cf. Alphonse de Lamartine, « Du droit au travail et de l'organisation du travail », discours de décembre 1844 (*in* Lamartine, *La France parlementaire (1834-1851)*, Paris, 1865, t. IV, p. 103-121) ; Victor Considerant, *Contre M. Arago. Suivi de la Théorie du droit de propriété*, Paris, 1840. « La condition *sine qua non* pour la légitimité de la propriété, écrit Considerant, est que la société reconnaisse au prolétaire le droit au travail » (p. 59). Le droit au travail était en effet à ses yeux la compensation de la suppression des droits naturels et primitifs de pêche, chasse, cueillette et pâture ; suppression engendrée par le développement de la propriété.

essentielles du droit au travail sont : la liberté même du travail, l'association volontaire, l'égalité des rapports entre le patron et l'ouvrier, l'enseignement gratuit, l'éducation professionnelle, les institutions de prévoyance et de crédit et l'établissement par l'État de grands travaux d'utilité publique destinés à employer, en cas de chômage, les bras inoccupés. » Les principes révolutionnaires étaient ainsi réaffirmés tout en étant précisés. Il est frappant de constater que ces expressions, malgré leur hardiesse, ne rencontrèrent pas chez les députés la réprobation générale que les réactions du pays devant les événements de juin permettaient d'attendre. La moitié des bureaux de l'Assemblée nationale admirent ainsi les formulations de Marrast. Entre l'accord sur les principes et les craintes suscitées par les conséquences de leur mise en œuvre, les positions affichées dans la discussion de septembre 1848 étaient significativement hésitantes[1].

Le droit au travail ne mène-t-il pas fatalement au socialisme, c'est-à-dire à la mainmise de l'État sur le système économique ? Telle était la première crainte. Si l'État s'engage à fournir du travail à tous ceux qui en manquent pour une raison ou pour une autre, il se verra d'abord obligé de donner à chacun un emploi correspondant à sa qualification, objectait-on. L'État, disait-on, deviendra donc fabricant, marchand, petit ou grand producteur : chargé de tous les besoins, il sera immanquablement conduit à détenir le monopole de toutes les industries ou du moins à les réglementer totalement. Beaucoup s'abritaient derrière ces craintes pour ne pas traiter au fond la question. A de rares exceptions près, les partisans du droit au travail admettaient d'ailleurs qu'il n'était pas à l'ordre du jour. Ledru-Rollin disait ainsi : « Quand vous inscrirez le droit au travail, vous ne serez pas forcé de l'avoir organisé dès le len-

1. Cf. *Le Droit au travail à l'Assemblée nationale. Recueil complet de tous les discours prononcés dans cette mémorable discussion*, Paris, 1848.

demain[1]. » Seul Thiers allait alors plus au fond des choses.

Thiers se montrait partisan d'une politique de lutte contre le chômage, tout en refusant énergiquement de voir reconnaître le droit au travail. « Je ne crois pas impossible, dit-il ainsi, que l'État puisse venir au secours des ouvriers dans les temps de chômage. Je pense qu'il doit réserver certains travaux publics pour les substituer aux travaux privés, quand les travaux privés viendront à manquer ; mais tout cela est borné, tout cela est accidentel, tout cela tient à des combinaisons qui peuvent réussir ou ne pas réussir [...]. C'est un secours que l'État peut donner et pas autre chose. Il ne faut donc pas l'appeler droit[2]. » Oui au développement d'une politique sociale, mais non à la reconnaissance d'un droit social, disait Thiers. Priorité à la reconnaissance du droit social, même si les politiques ne suivent pas, répliquait Ledru-Rollin. L'enjeu politique était évident car il posait directement la question des rapports du socialisme et de la démocratie, de leur tronc commun et de leur point de séparation : la révolution sociale de la propriété était-elle le simple prolongement, logique et naturel, de la révolution des droits civils ? Mais l'affrontement était également exemplaire de la difficulté devant laquelle les hommes de 1848 se trouvaient pour formuler juridiquement la notion de droit social dès lors qu'il était dissocié du simple énoncé d'une politique à finalité sociale. En 1848, le droit à l'assistance, s'il était prolongé par le droit au travail, sortait en effet visiblement de son statut de droit limite pour devenir un

1. *Ibid.*, p. 123.

2. *Ibid.*, p. 217. Dans son *Rapport au nom de la Commission de l'assistance et de la prévoyance publiques*, présenté à l'Assemblée le 26 janvier 1850, Thiers envisage même que l'État puisse créer une « Direction des travaux réservés » pour lutter contre le chômage en temps de crise ; mais il s'agit seulement pour lui d'une mesure de politique économique et sociale et non de la mise en œuvre d'un droit. Sur les débats de ces années, se reporter à Ferdinand-Dreyfus, *L'Assistance sous la Seconde République (1848-1851)*, Paris, 1907.

droit réorganisateur, sur de nouvelles bases, de l'État et de la société.

Le débat philosophique de fond n'a pourtant pas véritablement eu lieu à cette occasion. C'est surtout une politique et une expérience que l'on a discutées, celles de l'intervention économique de l'État et des ateliers nationaux. Et ce sont les conséquences de cette intervention, en termes d'emprise de l'État sur la société, que l'on a redoutées ou auxquelles on s'est résolu : Tocqueville brandissait le spectre d'un État tutélaire alors que Ledru-Rollin relativisait la figure d'un « État protecteur intelligent ». Mais le problème de fond – celui des limites – n'était pas tranché. On le maintenait en quelque sorte à distance, en le réduisant à des arguments d'opportunité ou d'efficacité.

## La critique du droit

Comment définir le régime de l'assistance juridique aux pauvres dès lors que l'on se refuse à ne l'appréhender que dans les anciennes catégories de la charité fondée sur la compassion ? Car de cela tout le monde convient : une approche en termes de charité individuelle n'est plus suffisante dans une société démocratique fondée sur l'égalité civile et la reconnaissance de l'individu comme sujet porteur de droits. Les libéraux se contentent pourtant souvent d'une appréhension purement négative du problème, en montrant les difficultés que soulève la notion d'un droit social à l'assistance. Le raisonnement de Thiers est très représentatif de cette manière d'aborder la question. Comment, explique-t-il en 1848, parler de droit à propos de l'assistance aux indigents dès lors que l'on reconnaît implicitement que son application est nécessairement liée à une appréciation de la situation concrète dans laquelle se trouvent les individus ? Un droit est forcément universel, automatique, d'application indifférenciée. « Il faut, dit-il aux députés, que vous vous réserviez le jugement des cas ; que vous disiez : je donne aujourd'hui, je ne donne pas demain ; je donne en hiver, je ne donne pas en été ; je donne en temps de crise, je ne donne pas en temps de prospérité. Et vous appelleriez cela un droit, quand vous restez maîtres de décider des cas ? Non, ce n'est pas un droit, ou vous avez oublié la langue [...]. Un droit, messieurs, ne fait pas d'exception entre les classes des citoyens, un droit s'applique à tous[1]. » Le raisonnement de Thiers est logiquement indiscutable. Mais il a en même temps pour inconvénient de dissiper trop brutalement le flou juridique, au regard du droit positif, qui est constituant du problème même à résoudre.

Gérando a exploré une autre voie, cherchant à élaborer, dans des termes qui seront ensuite constamment repris, la distinction entre la morale et le droit positif dans le domaine de l'assistance. L'indigence, explique-t-il en substance, a des droits. Les titres du pauvre sont inscrits dans son malheur même. Mais ces droits, tout en étant sacrés, ne sont que des droits naturels. Le droit à l'existence est donc d'une essence particulière : c'est un droit moral et non un droit positif, il reste donc relativement indéterminé. « Il n'a rien d'analogue, écrit Gérando, aux droits de la propriété, aux droits du créancier, aux droits qui naissent des obligations positives. Le droit à être secouru n'est pas de même nature que le droit à être respecté dans sa vie, sa liberté, ses biens, son honneur : sans être moins sacré, il est moins positif, moins rigoureux, moins absolu. Ce n'est pas le droit de requérir, d'exiger une prestation, d'exercer une action, de se faire attribuer tel ou tel avantage : c'est une espérance légitime ; c'est une recommandation puissante ; c'est

1. A. Thiers, discours cité, p. 215-216.

une sollicitation digne des plus grands égards. Ce n'est pas la réclamation d'une dette ; c'est la juste attente d'un service[1]. » Gérando tente ainsi de régler la question du statut juridique de l'assistance aux pauvres en la considérant comme un devoir moral de la société qui ne constitue pas une obligation, absolue et rigoureuse par nature. Tous les libéraux s'inspireront ensuite de cette analyse pour refuser l'idée même de droits sociaux, de « charité légale » pour reprendre l'expression de l'époque, tout en reconnaissant la légitimité d'un système de bienfaisance publique. Claire et défendable en son principe, une telle opposition laissait cependant complètement ouverte la question de la moralité effective de l'État et de la société !

La délimitation d'une catégorie de droits sociaux susceptibles d'être appréhendés comme des droits positifs n'en demeure pas moins possible dans le cadre d'une pensée libérale. Mais ils doivent alors reposer sur une *créance* clairement identifiable pour être reconnus comme tels. Le titre sur lequel se fonde le droit s'inscrit en effet dans une arithmétique de la réciprocité et de la compensation. On peut ainsi considérer que l'invalide ou la veuve de guerre a une créance sur la société puisqu'ils ont de fait donné pour elle quelque chose. La dette que la société contracte à leur égard est juridiquement de même nature que l'indemnité versée à une personne expropriée pour des motifs d'utilité publique. Les libéraux ont en ce sens toujours reconnu la légitimité des droits sociaux-créances. Mais la difficulté est de déterminer l'origine de créances indiscutables dans une société complexe. Juridiquement pertinent, le principe de la créance devient de plus en plus difficile à différencier des simples droits moraux dans un contexte de socialisation. Il est donc pratiquement aussi fragile que celui de la distinction entre les droits moraux et les droits positifs.

1. Joseph-Marie de Gérando, *De la bienfaisance publique*, *op. cit.*, t. I, p. 468-469.

## Le passé d'une idée

Esquissée à deux reprises, pendant la Révolution puis surtout en 1848, la réflexion sur les conditions du passage d'une assistance passive (la distribution de secours) à une forme active d'insertion par le travail, n'a finalement jamais été menée à son terme dans les pays occidentaux. Tout s'est passé après 1848 comme si une parenthèse avait été refermée, la question du droit au travail étant remisée sur le rayon des vieilles curiosités. Après cette date pourtant, l'idée d'assistance par le travail restera présente, mais sur un mode mineur et décalé. Sur un mode mineur, elle a continué à faire partie de la gamme des modes d'intervention utilisés par des œuvres charitables privées. Mais elle ne concernait dans ce cadre que quelques milliers d'hommes et de femmes à la fin du XIX^e^ siècle[1]. En 1896, si le Conseil supérieur du travail estimait que « la création de chantiers pour chômeurs est préférable à la distribution de secours en nature ou en argent[2] », son vœu n'entraînait aucune intervention publique précise. Les socialistes eux-mêmes avaient fini par abandonner le thème du droit au travail, qu'ils estimaient impossible à mettre en œuvre dans l'univers capitaliste. En collectivisant les moyens de production, la société socialiste aurait automatiquement résolu à leurs yeux les questions de l'assistance et de l'emploi, chacun devenant assuré de vivre normalement de son travail. C'est donc à

1. Cf. le bilan présenté par Ferdinand-Dreyfus, « Assistance par le travail : chiffres et renseignements », *Revue politique et parlementaire*, t. V, juillet 1895.

2. Cf. le « Vœu relatif aux travaux de secours contre le chômage », adopté à la session de novembre 1896 par le Conseil supérieur du travail, *Bulletin de l'Office du travail*, 1897, p. 32.

la lutte révolutionnaire pour l'avènement du socialisme qu'ils entendaient consacrer toutes leurs énergies. Ils ne négligeaient évidemment pas l'action revendicative à court terme, mais dans ce cadre ils se contentaient de prôner le lancement de grands travaux en période de basse conjoncture[1].

A partir des années 1930, l'idée de droit au travail allait progressivement se dissoudre dans la perspective keynesienne des politiques publiques de stimulation de l'activité économique, transformant du même coup la vieille notion d'assistance par le travail. Roosevelt donnait au monde le signal de cette évolution en lançant un vaste programme de travaux publics, le *Works Progress Administration (WPA)*, destiné à employer 3 millions de chômeurs. « Le gouvernement fédéral, disait-il alors, doit dépasser et dépassera les actions d'assistance[2]. » Si les buts restaient identiques, les amarres étaient rompues avec le vieux modèle des ateliers de charité : c'était de la dépense publique et du soutien de la demande que l'on attendait désormais la création d'emplois pour les chômeurs[3].

La perception du chômage avait considérablement changé d'un autre côté. Au milieu du XIXe siècle encore, la notion d'inactivité involontaire restait très imprécise ; on distinguait mal l'indigent marginal, le mendiant et le travailleur privé d'emploi (d'où la centralité du problème de l'évaluation des conduites des pauvres). C'est la catégorie vague et indifférenciée de paupérisme qui recouvrait ces différentes réalités. Ce

1. Benoît Malon proposait, par exemple, la création d'« ateliers de réserve » ou de « chantiers de réserve » (*Le Socialisme intégral*, t. II, *Des réformes possibles et des moyens pratiques*, *op. cit.*, p. 196-202). Édouard Vaillant fit à plusieurs reprises des propositions de même nature : il déposa le 25 octobre 1894 une proposition de loi ayant pour objet « la reconstitution, l'extension et la culture du domaine agricole communal », et « visant à l'atténuation des maux du chômage et de la misère, par l'emploi à ces cultures des ouvriers de la commune sans travail ».

2. Cité par Mickey Kaus, *The End of Equality*, *op. cit.*, p. 110.

3. Cf. le livre très bien documenté de Pierre Saly, *La Politique des grands travaux en France*, New York, Arno Press, 1977.

flou se dissipe au tournant du XX^e siècle. La notion moderne de chômage (inactivité forcée due à un manque de travail) fait alors progressivement son apparition. A l'intérieur de multiples formes de l'inactivité, on en distingue ainsi une, indépendante du comportement de l'individu : celle qui provient d'un dysfonctionnement du marché du travail et d'une cause macro-économique et que l'on va spécifiquement qualifier de « chômage »[1]. William Beveridge a traduit cette nouvelle approche dans un ouvrage au titre significatif, *Unemployment, a Problem of Industry* (1919). Il est d'ailleurs étonnant de relever que c'est seulement à partir de 1896 que les recensements français utilisent la catégorie de « chômeur ». Auparavant, les statisticiens utilisaient des classifications très vagues pour décrire le non-travail : « sans profession », « profession inconnue », « individu non classé »[2].

La précision du concept allait permettre une nouvelle approche en termes d'action sociale. Compris comme un accident, inséré dans une analyse économique conjoncturelle, le chômage devenait susceptible d'être traité dans une logique assurancielle alimentée par des cotisations prélevées sur le travail. Les indemnités de chômage n'étaient du même coup plus

1. Sur ce point très important, cf. Robert Salais, Nicolas Baverez et Bénédicte Reynaud, *L'Invention du chômage : histoire et transformation d'une catégorie en France*, Paris, PUF, 1986 ; Christian Topalov, « Invention du chômage et politiques sociales au début du siècle », *Les Temps modernes*, novembre-décembre 1987 ; John Arthur Garraty, *Unemployment in History. Economic Thought and Public Policy*, New York, Harper and Row, 1978 (cf. notamment l'excellent chap. VI, « The Discovery of Unemployment »).

2. Cf. Bénédicte Reynaud-Cressent, « L'émergence de la catégorie de chômeur à la fin du XIX^e siècle », *Économie et Statistique*, avril 1984. Aux États-Unis, c'est en 1878, dans le Massachusetts, que l'on essaie pour la première fois de mesurer ce qui est qualifié d'« unvoluntary idleness » ; c'est à cette occasion que l'on réduit l'équivoque de la notion d'« unemployment » en distinguant les personnes sans occupation *cherchant un emploi* des personnes sans occupation en général (cf. Alexandre Keyssar, *Out of Work. The First Century of Unemployment in Massachusetts*, Cambridge University Press, 1986).

assimilables à une forme quelconque d'assistance : elles devenaient un dû, la contrepartie de cotisations. La question précédente des rapports entre droit à l'assistance et prestation de travail perdait dans ce contexte nouveau toute pertinence, ou alors elle ne concernait plus que des franges tout à fait marginales de la population.

L'épuisement de l'État passif-providence nous y ramène au contraire. Il nous faut donc explorer à nouveau cet ancien univers, mais en le compliquant pour donner une figure nouvelle et acceptable au type de contrat social susceptible de lier travail et droit à l'insertion[1].

1. Parmi les rares réflexions contemporaines essayant de renouveler la question, cf. Philip Harvey, *Securing the Right to Employment. Social Welfare Policy and the Unemployed in the United States*, Princeton, Princeton University Press, 1989, et Jon Elster, « Is there (or should there be) a Right to Work », *in* Amy Gutmann (ed.), *Democracy and the Welfare State*, Princeton, Princeton University Press, 1988.

CHAPITRE VI

# LA SOCIÉTÉ D'INSERTION

La voie étroite

La révolution discrète du RMI

Le débat américain sur le *workfare*

La redéfinition du social

Les obligations positives

Sécurité contre liberté

Le droit de mendier

L'économie d'insertion

Un siècle et demi après la révolution de 1848, la réflexion sur le droit au travail est redevenue d'actualité. Dès lors que le chômage ne peut plus seulement être traité dans la perspective assurancielle classique de l'indemnisation et dès lors que l'on mesure les dangers de la tentation de salarier l'exclusion, la question devient incontournable. Chacun le sent confusément : le temps est venu d'une rupture radicale dans l'approche de l'emploi. Les analyses et les remèdes classiques ne sont plus à la hauteur des enjeux. Si rien ne change, nous assisterons impuissants à la consolidation d'un nouveau *Lumpenproletariat*, d'une *underclass* comme on dit aux États-Unis. Si rien ne change, la désagrégation de l'État-providence et la croissance de l'exclusion s'enchaîneront de façon implacable. C'est pourquoi nous sommes aujourd'hui conduits à reprendre le fil rompu des anciennes interrogations sur le droit au travail. Il faut bien en effet prendre conscience d'un fait essentiel : les questions de l'emploi et de l'État-providence sont dorénavant indissociables. Repenser l'État-providence implique prioritairement d'envisager de façon neuve la gestion sociale du chômage.

## La voie étroite

La voie à explorer est étroite. Comment surmonter en effet les apories du passé ? D'un côté, la société d'indemnisation passive a certes trouvé ses limites. Mais il est évidemment impossible, de l'autre, d'en revenir simplement aux formules des XVIIIe et XIXe siècles (ateliers de charité, *workhouses*, contrôle social des pauvres, etc.). La tentation reste donc grande, quelles qu'en soient les funestes conséquences, de continuer à dissocier les sphères de l'efficacité et de la solidarité. Même ceux qui perçoivent le plus lucidement les effets pervers de cette séparation finissent souvent par s'y résigner, faute d'alternative. Pour sortir de ce cercle vicieux, il faut s'avancer sur un sol mouvant. Il est nécessaire d'explorer un espace encore très flou : celui d'une éventuelle zone intermédiaire entre logique d'indemnisation et garantie de l'emploi. C'est en essayant de la structurer que l'on peut espérer avancer pour dépasser la vision traditionnelle des droits sociaux.

Seul un mot, à la fois vague et essentiel, semble aujourd'hui consonner avec cette recherche : *insertion*. De façon certes encore très tâtonnante, c'est en effet autour du mot et de l'idée d'insertion que s'exprime la tentative de trouver de nouveaux rapports entre emploi et État-providence. Tentative à dimensions multiples : émergence de liens inédits entre droits sociaux et obligations morales ; expérimentation de nouvelles formes d'offres publiques de travail ; tendance à mêler indemnisation et rémunération ; constitution d'un espace intermédiaire entre emploi salarié et activité sociale.

Cette notion d'insertion n'est pas définie *a priori* aujourd'hui, elle reste largement ouverte. Elle ne caractérise pas tant une forme juridique précise d'activité ou un type d'emploi économiquement déterminé qu'un ensemble de pratiques sociales expérimentales ; pratiques dont le principal point commun est de chercher à combattre l'exclusion[1]. Au regard des principes, la notion d'insertion dérive de la conscience qu'il faut dépasser le seul point de vue juridique dans l'appréhension des rapports d'obligation sociale (point de vue dont l'exclusivité caractérise la conception de la solidarité mise en œuvre par l'État-providence). Pour l'instant, elle ne fait que délimiter une *zone floue* qui n'est adossée qu'à des refus (la poursuite du raisonnement en termes de droits sociaux classiques) ou à des perplexités. C'est cette zone floue qu'il faut structurer positivement.

Pour avancer dans la réflexion, nous pouvons partir de l'analyse de quelques nouvelles politiques sociales et des débats qu'elles suscitent. En France, la mise en place du RMI (revenu minimum d'insertion) constitue un bon exemple de l'entrée dans ce que l'on pourrait appeler la nouvelle zone grise de l'État-providence. Aux États-Unis, ce sont les débats des années 1980 autour de l'idée de *workfare*[2] et les propositions de réforme énoncées par Bill Clinton en 1993-1994 qui peuvent alimenter la recherche.

## La révolution discrète du RMI

Mis en place en 1988, le RMI appartient à une espèce hybride. Il n'est ni une allocation d'assistance ni une prestation de Sécurité sociale. Le RMI s'appuie sur un principe d'en-

1. Cf. le numéro spécial *L'Insertion*, sous la direction de Élie Alfandari, *Revue de droit sanitaire et social*, 1994.
2. Le mot est difficile à traduire dans la symétrie à l'idée de *welfare* qu'il implique. Il est situé entre « aide par le travail » et « État de travail ».

gagement réciproque de l'individu et de la collectivité, en tenant compte des besoins, aspirations et possibilités des bénéficiaires[1]. Il représente un nouveau type de droit social, occupant une position intermédiaire entre droit et contrat. Le RMI est un droit, en ce sens qu'il est accessible à tous et qu'il traduit la reconnaissance du fait que les exclus sont fondés à obtenir un minimum de ressources pour leur permettre de retrouver une place dans la société. Il correspond ainsi à l'institutionnalisation d'une certaine dette sociale. Mais il est aussi un contrat dans la mesure où il est en principe lié à une contrepartie : l'engagement personnel du bénéficiaire dans une démarche d'insertion.

Cette notion d'engagement est certes assez imprécise. Elle recouvre des actions de natures très diverses : actions de formation, activités d'intérêt général dans des administrations ou des associations, voire simples efforts personnels de réadaptation (cures de désintoxication par exemple). Elle implique cependant, dans tous les cas de figure, la prise en compte du comportement individuel et de la situation particulière dans l'exercice du droit. Le RMI constitue, à cet égard, un objet juridique paradoxal, puisqu'il est fondé sur une sorte de « droit individualisé ». L'itinéraire d'insertion est en effet adapté aux besoins de la personne et aux possibilités de l'offre d'insertion. Il dépend de la situation propre à chaque bénéficiaire. Ainsi à une femme veuve de 55 ans qui n'envisage pas une reprise d'activité et est bien insérée dans son milieu, on propose d'être utile autour d'elle plutôt que de l'inciter à effectuer un stage de formation professionnelle. En revanche, un allocataire plus jeune peut avoir besoin, avant d'effectuer un tel stage, d'une aide en vue de son épanouissement personnel, aide du type de celles qu'assurent actuellement les « missions jeunes ». Un

1. Rappelons que le nombre de bénéficiaires du RMI approchait le million à la fin de 1994.

autre bénéficiaire a uniquement besoin d'un stage de perfectionnement pour se réinsérer durablement sur le plan professionnel. Droit individualisé d'un côté, donc ; et « droit conditionnel » de l'autre : l'attribution du RMI est subordonnée à une forme de contrôle des comportements. Peut-on encore parler de droit dans ces conditions ? Au sens juridique strict, ce n'est pas le cas. Un droit est en effet par essence d'application universelle et inconditionnelle. En revient-on pour autant aux pratiques archaïques de la « charité légale » ? Non également.

De façon expérimentale, non encore élaborée, c'est une nouvelle forme de rapport au droit qui est en train de s'inventer à travers l'exemple du RMI. Ce qui fait l'objet du droit n'est plus seulement une allocation, un « bénéfice » (au sens où les Anglais parlent de *social benefits*), mais un principe général de la vie sociale. Jusqu'à présent, ce type de droits était bien reconnu. On pouvait ainsi parler de droit à la vie, au logement, à la sécurité et à bien d'autres choses. Mais ces droits ne pouvaient pas être instrumentalisés, ils restaient nécessairement des droits « formels ». Le RMI innove sur ce terrain en déplaçant la contrainte d'universalité définissant un droit. A une universalité abstraite de moyen, il substitue la recherche d'une équivalence pratique de résultat. Il met en place un type de norme qui intègre le fait que des individus se trouvent dans des situations singulières et qu'ils doivent donc être traités particulièrement pour qu'une véritable équité soit réalisée. On doit comprendre dans ce sens que le RMI dépasse l'opposition classique entre les droits formels et les droits réels dénoncée par Marx, en essayant de donner chair à un principe d'équité qui ne soit pas mécaniquement replié sur celui d'égalité. Il revient au fond à enrichir et à élargir la notion d'égalité des chances. Il va ainsi dans le sens de ce que l'on pourrait appeler un *droit procédural*.

Le RMI rompt en profondeur avec les approches usuelles du

social. Il met en place un « social du troisième type[1] », qui n'appartient ni à la forme traditionnelle de l'*aide sociale* (qui prend en charge, au coup par coup, des marginaux, des « cas sociaux ») ni au registre classique de la *protection sociale* (qui distribue mécaniquement des prestations à des « ayants droit »). Mais cette position intermédiaire est encore très flottante : les politiques des commissions locales d'insertion sont assez diverses et largement fluctuantes. Les pratiques restent tâtonnantes car elles ne peuvent s'appuyer sur aucune philosophie sociale claire. Les pratiques sont aujourd'hui décalées par rapport à la théorie. Il faut s'attacher à combler cet écart. C'est en faisant la théorie de ces nouveaux objets sociaux que symbolise le RMI que l'on pourra en effet repenser l'État-providence. A partir d'une histoire institutionnelle très différente – la société assurancielle n'y a jamais existé –, les débats américains actuels sur l'avenir du *welfare* conduisent aux mêmes interrogations.

## Le débat américain sur le *workfare*

En 1992, au cours de sa campagne électorale, Bill Clinton avait mis au centre de ses arguments la promesse de rompre avec la logique traditionnelle de l'État-providence (« To end welfare as we know it »). Comment et en quel sens opérer une telle rupture ? La proposition était de considérer comme temporaires les allocations d'assistance. Clinton parlait de vaincre la « culture de la dépendance permanente » qui concernait une

1. J'emprunte l'expression à Jacques Donzelot, « Le social du troisième type », in *Face à l'exclusion, le modèle francais*, Paris, Éd. Esprit, 1991. Mais l'auteur prend surtout comme exemple de ce « nouveau social » les politiques sociales de la ville.

bonne part des allocataires sociaux : au début des années 1990, en effet, 80 % recevaient des subsides pendant au moins cinq ans et 65 % pendant huit ans ou plus[1]. Pour atteindre cet objectif, Clinton suggérait un plan d'action radical : après deux ans d'allocations, les personnes aptes seraient obligées de retourner au travail, soit en prenant un emploi dans le secteur privé si elles en trouvaient un, soit en effectuant des tâches au service de la collectivité dans le cas contraire. C'est à ces conditions seulement, estimait-il, que l'État-providence pourrait devenir un vecteur de réinsertion, permettant aux individus de reconquérir leur indépendance et leur dignité, et cesser d'être un système d'assistance. Clinton se rapprochait de cette façon de l'idée de *workfare*.

L'expression de *workfare* avait d'abord été lancée au début des années 1980 dans les milieux conservateurs. Pour Ronald Reagan, l'indispensable réforme de l'État-providence était identifiée à ce thème. L'idée de base était simple : ceux qui recevaient des secours publics devaient en échange fournir un travail. La cible visée était principalement la population des personnes seules, des femmes pour l'essentiel, ayant des enfants à charge. L'allocation qu'elles recevaient, l'AFDC *(Aid to Families with Dependent Children)*, symbolisait en effet aux yeux de beaucoup le système assistanciel américain avec ses effets pervers. Au milieu des années 1980, le livre d'un universitaire républicain, Lawrence Mead, *Beyond Enti-*

1. Cf. le livre-programme de Bill Clinton, *Putting People First* (1992). Il y écrivait : « Nous en finirons avec le système actuel de *welfare* et nous ferons du *welfare* une seconde chance et pas un mode de vie. Nous donnerons aux gens du *welfare* les moyens de se former, de s'éduquer et d'élever leurs enfants jusqu'à une période de deux ans pour qu'ils puissent briser le cercle de la dépendance. Après cette période, ceux qui le peuvent devront obligatoirement travailler, soit en trouvant un emploi dans le secteur privé, soit en effectuant des services communautaires. » Pour une analyse de ce thème, cf. D. Besharov et A. Fowler, « The End of Welfare as We Know it? », *The Public Interest*, printemps 1993.

*tlement. The Social Obligations of Citizenship*[1], avait bien exprimé la nouvelle philosophie sociale qui accompagnait la montée de l'idée de *workfare.*

Le principal problème de l'État-providence était, pour Lawrence Mead, sa permissivité. A rebours de la plupart des analyses antérieures sur le malfonctionnement bureaucratique de la machine, il mettait l'accent sur la dimension morale et sociale de la crise de l'État-providence : difficultés des pauvres à travailler, à maintenir une structure familiale stable, à fréquenter l'école. Il rejoignait ainsi les analyses des philanthropes du XIXe siècle qui voyaient dans la pauvreté la conséquence d'une *conduite individuelle.* L'erreur des programmes sociaux, estimait Lawrence Mead, est qu'ils apportent une aide financière sans contrepartie. D'où la proposition de lier les secours publics à une obligation de travail. Appréhendé dans cette perspective, le thème du *workfare* était équivoque. Il ne correspondait pas tant à une nouvelle approche des droits sociaux et de l'insertion qu'à une stratégie d'encadrement et de mise au pas des pauvres, et principalement parmi eux des jeunes. Une citation de Lawrence Mead permet d'en prendre la mesure : « Beaucoup de jeunes gens d'aujourd'hui, particulièrement en bas de la société, ne sont pas aussi bien socialisés par les adultes qu'ils l'étaient auparavant. Ils ne peuvent pas être intégrés dans la société à moins d'être transformés en travailleurs disciplinés dont l'économie a besoin. C'est d'une certaine façon à l'État d'exercer cette fonction de socialisation[2]. » Pour Lawrence Mead, la mise au travail des bénéficiaires de l'État-providence correspondait ainsi d'abord à une entreprise de moralisation.

1. New York, Free Press, 1986. Cf. aussi, du même auteur, *The New Politics of Poverty. The Nonworking Poor in America*, New York, Basic Books, 1992.
2. *Beyond Entitlement, op. cit.*, p. 87.

Dans le courant des années 1980, plusieurs États américains ont essayé de mettre sur pied des programmes répondant à cette philosophie : WIN *(Work Incentive)* à New York, GAIN *(Greater Avenues for Independence)* en Californie, etc.[1]. Les résultats ont souvent été décevants. Mis en place en 1986, le programme californien n'a, par exemple, eu que des effets limités : sur 650 000 familles qui étaient au *welfare* au début des années 1990, moins de 2 000 effectuaient des travaux de *workfare* en contrepartie des allocations qu'elles recevaient[2] ! Il est vrai que les sanctions prévues en cas de non-participation aux programmes étaient très faibles, de 40 à 70 dollars par mois dans la plupart des États, soit en moyenne 10 % à peine du montant des allocations ; sanctions qui n'étaient d'ailleurs que peu appliquées. La très forte opposition des syndicats d'employés des services publics, qui craignaient que les activités de *workfare* entraînent à terme une diminution du nombre d'emplois publics ordinaires, avait aussi contribué à limiter la portée des programmes expérimentaux. Il était en outre difficile de pouvoir dégager les emplois et les activités qu'impliquait la mise en œuvre du *workfare*. Les réticences politiques étaient également très fortes. On considérait dans les milieux démocrates que les allocations de *welfare* représentaient un droit et qu'aucune obligation ne pouvait être imposée, même s'il était nécessaire de proposer des actions de formation et

1. Cf., dès 1974, les suggestions de Mildred Rein, *Work or Welfare ? : Factors in the Choice for AFDC Mothers*, New York, Praeger, 1974. Sur les expériences des années 1980 : Judith M. Gueron, « Reforming Welfare with Work », *Public Welfare*, automne 1987 ; Lawrence Mead, « Expectations and Welfare Work : WIN in New York State », *Polity*, hiver 1985 ; Michael Morris et John Williamson, « Workfare : The Poverty/Dependence Trade-off », *Social Policy*, été 1987 ; David Swoap, « Broad Support Buoys California's GAIN », *Public Welfare*, hiver 1986.

2. Cf. les données fournies par Michael Wiseman, « How Workfare Really Works », *The Public Interest*, automne 1987, et par Robert Rector, « Welfare Reform, Dependency Reduction, and Labor Market Entry », *Journal of Labor Research*, été 1993.

d'insertion. Ces différents facteurs s'étaient conjugués pour réduire la portée des programmes.

A la fin des années 1980, les violentes oppositions idéologiques s'étaient pourtant effacées. Même si la discussion sur les moyens subsistait, un certain consensus sur la nécessité de briser la culture de la dépendance s'était peu à peu manifesté. Ce consensus s'est traduit par l'adoption, en 1988, du *Family Support Act*, loi qui a marqué un important tournant dans l'approche du social. Désormais, même dans les milieux démocrates, on admettait largement que le travail est préférable au *welfare*[1]. Le *Family Support Act* ne mettait pas en place d'obligation de travail pour les récipiendaires d'une allocation d'AFDC. Mais il allait dans le sens d'une certaine exigence de formation et octroyait des subventions pour inciter les États à prendre en charge la garde des enfants des mères au *welfare*, afin de favoriser le travail de ces dernières. Si rien n'était bouleversé dans les faits, la loi marquait en tout cas une indéniable évolution des esprits. Elle traduisait le nouveau credo selon lequel le problème clef de l'État-providence était de réduire la dépendance dans laquelle se trouvaient certaines personnes. A une logique de l'aide financière se substituait ainsi une action dont la dimension principale était sociologique[2].

1. Sur le tournant démocrate, cf. *A New Social Contract : Rethinking the Nature and Purpose of Public Assistance*, report of the Task Force on Poverty and Welfare submitted to governor Mario Cuomo, State of New York, décembre 1986.

2. Sur ce thème, fondamental aux États-Unis depuis la publication du rapport Moynihan de 1965 sur la famille noire, des liens entre État-providence et structures familiales, cf. : David T. Ellwood, *Poor Support. Poverty in the American Family*, New York, Basic Books, 1988 ; Daniel P. Moynihan, « How the Great Society Destroyed the American Family », *The Public Interest*, été 1992 ; George Gilder, « Welfare's New Consensus : the Collapse of the American Family », *The Public Interest*, automne 1987 ; William Julius Wilson et Kathryn Neckerman, « Poverty and Family Structure : the Widening Gap between Evidence and Public Policy Issues », *in* S. Danziger et D. Veinberg, *Fighting Poverty : What Works and What Doesn't*, Cambridge (Mass.), Harvard University Press, 1986.

Au début des années 1990, les conservateurs prenaient cependant leurs distances avec l'idée de *workfare*. Ils avaient pris conscience que la mise en place d'activités sociales en contrepartie des allocations de *welfare* pouvait rapidement conduire à une extension de l'intervention économique de l'État : l'État serait en effet amené à créer lui-même des emplois publics pour que le principe du *workfare* soit appliqué[1]. En proposant d'imposer un retour au travail après deux ans de *welfare*, Clinton reprenait à l'inverse à son compte les interrogations conservatrices des années 1980, marquant une rupture avec la vision libérale traditionnelle des démocrates. Son conseiller sur les problèmes d'État-providence, David Ellwood, s'exprime aujourd'hui comme Lawrence Mead dans les années 1980[2], le moralisme en moins (ce qui n'est pas négligeable). C'est un signe décisif du tournant qui est en train de se prendre aux États-Unis dans l'approche de l'État-providence. C'est désormais dans des termes neufs que sont appréhendés les droits sociaux et l'insertion économique. Les réticences et les hésitations ne sont certes pas toutes surmontées. A la gauche du Parti démocrate, certains agitent, par exemple, le spectre de l'avènement d'un *slavefare*[3]. Les travailleurs sociaux restent de leur côté très réservés. Mais le tournant a bien été pris.

Bien que des questions restent certes sans réponse, les difficultés pour déduire d'un principe général des mesures sociales

1. Cf. Mickey Kaus, « The Right Abandons Workfare », *The New Republic*, 21 février 1994. A partir de ce moment, les conservateurs mettront surtout l'accent sur la nécessité de reconstituer le tissu familial et de lutter contre les naissances illégitimes pour résoudre les problèmes de l'État-providence.

2. Sur la nouvelle philosophie démocrate de l'État-providence, cf. Laurence E. Lynn, « Ending Welfare Reform as We Know it », *The American Prospect*, automne 1993.

3. L'expression est significative de la difficulté à dépasser les apories du passé.

réalistes et efficaces sont loin d'être surmontées. Que se passera-t-il, par exemple, après la fameuse limite des deux ans de perception des allocations ? Faudra-t-il créer un nouveau minimum social pour ceux que leur comportement aura exclus du système ? Et ne risque-t-on pas, en retour, de laisser croire que les deux premières années constituent une sorte de droit automatique préalable à toute insertion économique, de telle sorte que le nombre d'allocataires grimpe en flèche[1] ? A l'été 1994, l'administration Clinton commençait d'ailleurs à assouplir son plan en prévoyant des exceptions pour la règle des deux ans, les États pouvant dépasser la limite des deux ans dans 10 % des cas pour de « bonnes raisons » (une autre exemption de 10 % étant prévue au cas où une prolongation du versement des allocations serait liée à la poursuite d'un programme de formation). On peut pourtant en être sûr : quelque chose d'irréversible s'est passé aux États-Unis avec les propositions de Clinton. L'État-providence y a commencé sa mutation.

## La redéfinition du social

La crise de l'État-providence ne se pose pas dans les mêmes termes aux États-Unis et en Europe. Aux États-Unis, ce que l'on appelle le *welfare* couvre en effet uniquement le champ de l'assistance sociale, alors que l'État-providence inclut en Europe l'ensemble des mécanismes de sécurité sociale. Une allocation de chômage n'est ainsi pas de même nature qu'une allocation d'AFDC. L'indemnisation du chômage est la

1. Cf. Christopher Jencks, « Can We Put a Time Limit on Welfare ? », *The American Prospect*, automne 1992, et Mickey Kaus, « A Promising Start on Welfare Reform », *The New Republic*, 25 avril 1994.

contrepartie d'une cotisation, elle ne représente donc pas un droit social à proprement parler. Elle résulte d'un contrat d'assurance, et non d'une libéralité de l'État. Cette distinction est indéniable, mais la frontière entre assurance et assistance n'en devient pas moins de plus en plus poreuse, du simple fait de l'accroissement du chômage de longue durée et de la multiplication du nombre d'exclus. C'est, de toute façon, au-delà de la phase assurancielle de l'indemnisation du chômage que les problèmes sérieux se posent. C'est en effet seulement à ce niveau que les questions sont formulées en termes d'exclusion et d'insertion. La problématique américaine du *workfare* ne pourra pas pour cette raison rester étrangère à l'Europe. Elle a d'ailleurs commencé à pénétrer les pratiques de certains pays. En Suède, près de la moitié des chômeurs sont, par exemple, aujourd'hui invités à effectuer des travaux d'utilité sociale en contrepartie du versement de leurs indemnités. L'Allemagne s'oriente aussi dans cette direction.

D'une façon plus large, il est frappant de constater que le RMI français et les projets américains qui se rattachent à l'idée de *workfare* conduisent à un même type de redéfinition du social. Trois points communs se dégagent. Ils concernent le rapport entre l'économique et le social, la nature des droits sociaux et la définition des « sujets » du social. Le social apparaît d'abord dans les deux cas indissociable de la sphère économique, la question du travail et celle de l'État-providence se superposant dorénavant. Puisque ni le marché, pour cause de modernisation, ni l'État, pour cause de déficit, ne peuvent créer les activités sociales qu'implique le dépassement de l'État passif-providence, la notion de « troisième secteur » redevient nécessairement à l'ordre du jour. Dans les années 1970, elle était apparue dans la mouvance d'une réflexion alternative aux nationalisations et à l'étatisation de l'économie. Elle prend aujourd'hui une dimension plus sociale, liée à l'idée d'insertion. Dans les deux cas également, les droits sociaux se trouvent réinterprétés dans une perspective contractualiste articulant droits et obligations. L'État-providence, nous le verrons dans le chapitre suivant, est enfin confronté à une véritable révolution de ses représentations : ce sont en effet, de plus en plus, des individus particuliers et, de moins en moins, des populations qu'il doit gérer.

## Les obligations positives

Quelles qu'en soient les modalités précises, nous irons inéluctablement vers la formulation de contreparties aux droits sociaux[1]. Ces obligations constitueront-elles une régression? C'est ce qu'une approche à courte vue peut suggérer : dans un jeu à somme nulle, plus de contrainte signifie nécessairement moins de droit. Mais on peut aussi comprendre les choses autrement. L'instauration d'un nouveau rapport droit/obligation conduit en fait à complexifier et à développer la conception classique des droits sociaux. On le voit bien si l'on réfléchit à ce que peut représenter la notion de « droit à l'insertion ».

Le droit à l'insertion va plus loin qu'un droit social classique. Il l'enrichit d'abord d'un impératif moral : au-delà du droit à la subsistance, il cherche à donner forme au droit à l'utilité sociale ; il considère les individus comme des citoyens actifs et pas seulement comme des assistés à secourir. La notion d'insertion contribue en ce sens à définir un droit de

1. Pour une première approche de la question, cf. : Baruch Brody, « Work Requirements and Welfare Rights », *in* Peter Brown (ed.), *Income Support : Conceptual and Policy Issues*, Rowman, Maryland Studies in Public Philosophy, 1981 ; Robert K. Fullinwider, « Citizenship and Welfare », *in* Amy Gutmann (ed.), *Democracy and the Welfare State*, *op. cit.*

l'âge démocratique, en articulant secours économique et participation sociale. Lorsqu'ils sont uniquement dérivés d'une théorie de la dette sociale, les droits sont au contraire passifs, fondés sur une relation de dépendance (ils ont d'ailleurs été reconnus et formulés dans un âge prédémocratique) ; le titulaire des droits reste un sujet subordonné. L'obligation peut, au contraire, participer d'un mouvement de resocialisation. Elle considère les individus comme membres d'une société dans laquelle ils ont droit d'avoir une place. Ce n'est pas seulement le droit de vivre, mais *le droit de vivre en société* qui est affirmé.

L'obligation n'est pas univoque. Ce n'est pas une contrainte qui pèse sur une seule partie : elle exerce aussi une contrainte positive sur la société elle-même, en l'invitant à prendre au sérieux les droits. Entre le droit social traditionnel et l'aide sociale paternaliste, se dégage ainsi la voie d'une *implication réciproque* de l'individu et de la société. A distance égale de l'État passif-providence, dont il n'est plus possible de financer le coût, et de la vieille société d'assistance, à laquelle personne ne veut retourner, s'ouvre ainsi la voie d'un nouveau droit social.

La référence de plus en plus fréquente à la notion de *contrat* dans la pratique du travail social correspond, de façon certes encore balbutiante et expérimentale, à l'ouverture de cette troisième voie. « Le contrat, note un travailleur social, établit une relation de réciprocité, une responsabilisation du bénéficiaire considéré comme acteur de son propre devenir, une obligation de moyens de la part de la société[1]. » Bien qu'il puisse être en situation difficile, voire même en grande détresse, le sujet de l'action sociale est considéré comme une personne autonome responsable, capable de prendre des engagements et

1. Cité par Antoine Garapon, « La déontologie du travailleur social », *Revue de droit sanitaire et social*, octobre-décembre 1993.

de les honorer. Cette pratique du contrat formalisant un projet individualisé a été reconnue en France par un certain nombre de textes[1]. En matière d'aide sociale à l'enfance, l'application de la loi du 6 juin 1984 a, par exemple, entraîné une contractualisation des relations entre les parents et ce service pour les prestations administratives. De même, l'aide facultative aux majeurs de moins de 21 ans a souvent conduit à l'élaboration de contrats avec ceux-ci prenant en compte leur projet. La loi du 29 juillet 1992 instituant des mesures d'action sociale en faveur des jeunes en difficulté prévoit également que soient signés des contrats engageant les deux parties.

La notion de contrat, et donc d'obligation positive, est aussi au centre du dispositif régissant le RMI. Une circulaire d'application du 27 mars 1993 précise : « Le RMI est un droit qui repose sur un *contrat* d'insertion fondé sur des engagements réciproques : celui de l'intéressé qui s'engage à participer à des actions ou activités d'insertion définies avec lui ; celui de la collectivité qui s'engage à offrir des actions et activités d'insertion correspondant aux besoins. » Il ne s'agit pas d'un contrat au sens du droit civil mais, poursuit la circulaire, le contrat « manifeste la capacité à s'engager des bénéficiaires et la reconnaissance de leur dignité de citoyens, acteurs et non assistés ».

Le contrat d'insertion permet d'enrichir le face-à-face solitaire de l'individu et de la société en le reliant au principe générateur de cette dernière, le contrat social. Le contrat qui est lié au processus d'insertion n'a pas seulement une valeur morale ou pédagogique, il faut lui donner sa pleine dimension juridique. La notion d'insertion articule ainsi à sa manière le droit et la politique, donnant sa véritable dimension à l'idée de

1. Cf. Marie-Colette Lalire, « Les nouvelles fonctions des travailleurs sociaux », *Revue de droit sanitaire et social*, octobre-décembre 1993.

droit social[1]. L'obligation qui l'accompagne n'est pas une forme de restriction de la liberté, mais un moment de la construction du social. On voit là que la notion d'insertion oblige à reconsidérer radicalement les principes organisateurs de la société individualiste. Tant que l'on reste inscrit dans un schéma individualiste classique, il n'y a pas moyen, en effet, de dépasser les apories de l'État passif-providence[2].

Appréhendée dans une perspective historique, la théorie de l'insertion correspond aussi à une étape de la vie sociale dans laquelle le problème n'est plus seulement de conquérir des droits[3], mais de les faire vivre comme droits réels. Les obligations peuvent bien être qualifiées de positives dans cette mesure[4]. Elles permettent d'échapper au vieil enchaînement de la protection et de la dépendance. C'est d'ailleurs en rappelant les termes historiques du dilemme sécurité/liberté que l'on peut le mieux mesurer la rupture qu'instaure la notion d'obligations positives dans la vision du social.

1. Mais nous n'entendons pas ici la notion de droit social au sens de Georges Gurvitch (*L'Idée du droit social*, Paris, 1931). Pour Gurvitch, en effet, le terme de droit social désigne le droit d'origine non étatique élaboré par des collectivités sociales (les conventions collectives de travail par exemple). Par droit social, on entend ici la dimension sociétale qui enrichit la perspective des droits objectifs (marquant une interpénétration du « juste » et du « bon », pour employer un autre langage).

2. Il faudrait bien sûr distinguer ici la perspective américaine de la situation des pays d'Europe continentale. Le problème américain est justement que le progrès social ne s'exprime que dans le langage du droit (toute une partie de la gauche milite ainsi pour la formulation d'un *Economic Bill of Rights*). Du même coup, on arrive moins qu'ailleurs dans ce pays à sortir de l'oscillation entre l'État passif-providence et la gestion moralisatrice des pauvres.

3. Cf. l'enquête de Sabine Chalvon-Demersay, *Mille Scénarios. Une enquête sur l'imagination en temps de crise*, Paris, Métailié, 1994.

4. Selon un sondage SOFRES, publié dans *Le Figaro* en juillet 1994, 78 % des Français se disent « plutôt favorables » à ce que le versement du RMI soit accompagné d'une obligation de travail (par exemple, au profit des collectivités locales), 17 % étant opposés à cette mesure (5 % seulement étant sans opinion sur le sujet, taux exceptionnellement bas).

## Sécurité contre liberté

La première hantise de l'individu moderne est d'éloigner le spectre de la dépendance. Pendant la Révolution, Saint-Just avait clairement formulé l'impératif qui en découlait pour l'État : « Donner à tous les Français le moyen d'obtenir les premières nécessités de la vie sans dépendre d'autre chose que des lois et sans dépendance mutuelle dans l'État civil[1]. » Dans son *Rapport sur les moyens d'extirper la mendicité (an II)*, Barère notait aussi que « tout ce qui peut établir la dépendance d'homme à homme doit être proscrit dans une république[2] ». Mais cette indépendance était-elle compatible avec la sécurité ? C'était toute la question. La tradition charitable de l'Ancien Régime associait en effet l'exercice d'un certain devoir de solidarité à une mise sous tutelle des pauvres. Les politiques sociales étaient alors indissociablement charitables et policières, la prise en charge des individus s'accompagnant nécessairement de leur enrégimentement.

En mettant l'accent sur le principe d'autonomie, la société moderne se heurte à un problème majeur pour définir un exercice adéquat de la solidarité. Elle doit en effet trouver la voie d'une assistance non dégradante, qui prenne la forme d'un droit et non d'une mise sous tutelle. Quels que soient les aléas de son existence, l'individu entend rester un citoyen à part entière.

1. Saint-Just, *Fragments d'institutions républicaines*, in *Œuvres complètes de Saint-Just*, Paris, Gérard Lebovici, 1984, p. 969.

2. Barère, *Premier Rapport fait au nom du Comité de salut public sur les moyens d'extirper la mendicité dans les campagnes, et sur les secours que doit accorder la République aux citoyens indigents*, Paris, 22 floréal an II, p. 3.

Pour surmonter cette difficulté, les hommes de 1789 avaient exclu d'avance de la sphère civique tous ceux qui n'étaient pas considérés comme maîtres de leur volonté, sujets pleinement indépendants. C'est à ce titre que les domestiques, les femmes, les enfants, les pauvres étaient privés du droit de suffrage[1]. La reconnaissance des droits politiques des indigents n'a d'ailleurs été que très tardive. En 1873, on avait encore très sérieusement envisagé de priver du droit de vote les personnes admises dans les hospices. La loi municipale de 1884 reflétait ces interrogations. Elle prévoyait ainsi que les individus secourus par les bureaux de bienfaisance ne pouvaient être élus conseillers municipaux[2]. Législation d'arrière-garde, simple vestige d'une vieille hantise d'écarter de la citoyenneté les individus dépendants ? Il faudra pourtant attendre un siècle (1975) pour que cet article soit abrogé !

Dans la première moitié du XIXe siècle, le suffrage censitaire éloignait des urnes tous les pauvres. Les non-citoyens pouvaient du même coup être traités comme des personnes assistées : la dépendance sociale allait de pair avec le minorat politique. Parallèlement, autonomie politique et sécurité économique étaient perçues comme antinomiques. Cette contradiction était très fortement ressentie à cette époque. L'idée était largement répandue que l'avènement de la société moderne libérait les individus des cadres contraignants dans lesquels ils étaient autrefois inscrits, mais qu'il les rendait simultanément plus vulnérables.

Le baron de Gérando, l'auteur du grand traité *De la bienfaisance publique*, a très bien exprimé cette contradiction :

1. Cf. sur ce point Pierre Rosanvallon, *Le Sacre du citoyen. Histoire du suffrage universel en France*, Paris, Gallimard, 1992.

2. Le nombre de personnes concernées était loin d'être négligeable. En 1883, on recensait ainsi 1 405 500 indigents assistés par les bureaux de bienfaisance. Cf. Jean Bardoux, *Vagabonds et Mendiants devant la loi*, Paris, 1906, et Jules Baby, *Le Statut de l'indigence*, Toulouse, 1910.

« Il n'est qu'un état de société dans lequel on pût fermer tout accès à l'indigence : ce serait celui où, comme dans le système d'esclavage des anciens, dans le servage féodal, dans le régime des corporations, partout où le travail est asservi, la classe inférieure de la société abdiquerait son indépendance, achèterait à ce prix sa sécurité par la protection obligée de ses maîtres, au prix de sa dignité morale, et même d'une forte portion de son bien-être matériel. Là, il n'y aurait pas en effet d'indigents, parce qu'il n'y aurait aucune chance d'adversité ni de prospérité. Le prolétaire ne pourrait espérer, il est vrai, que le plus rigoureux nécessaire ; mais il aurait généralement l'espoir de l'obtenir. Le travail spontané n'existerait point pour lui ; le travail ne lui serait pas nécessaire comme ressource ; il lui serait imposé comme joug, et dans toute l'étendue dont ses forces le rendraient capable. Mais dès le moment où l'homme devient l'arbitre de ses destinées, il doit subir les conséquences de ses erreurs et de ses fautes. Dès le moment où l'homme est émancipé, l'usage de sa liberté l'expose à mille accidents. De là vient que la situation la plus critique pour l'homme est le moment de son émancipation, le passage de l'état de servitude ou de vasselage à l'état d'entière indépendance[1]. »

La comparaison de l'esclave antique et du prolétaire moderne a été fondamentale pour les philanthropes du XIXe siècle. Ils ont perçu les rapports de la sécurité et de la liberté comme formant un jeu à somme nulle. « Avec le contrat libre, note ainsi Duchâtel, plus d'assujettissement d'un côté, plus de devoir de protection de l'autre : l'ouvrier donne son travail, le maître paie le salaire convenu ; là se réduisent leurs obligations réciproques [...]. Tel est donc l'inévitable résultat de la liberté du travail : elle rend la condition des ouvriers plus précaire[2]. »

1. Joseph-Marie de Gérando, *De la bienfaisance publique*, *op. cit.*, t. I, p. 165-167.

2. Tanneguy Duchâtel, *La Charité dans ses rapports avec l'état moral et le bien-être des classes inférieures de la société*, Paris, 1829, p. 343.

Sans aller jusqu'à dire que la situation de l'esclave antique était préférable à celle du pauvre moderne[1], de nombreux philanthropes n'hésitaient pas à exprimer leur nostalgie des anciennes corporations romaines ou médiévales. Après en avoir retracé l'histoire, Moreau-Christophe notait ainsi : « C'est à cette institution, tyrannique sans doute, mais prévoyante à coup sûr, que les classes ouvrières de l'antiquité doivent d'avoir résisté aux causes de dissolution, d'avilissement et de misère, qui travaillent si activement les classes ouvrières de nos jours[2]. » Le prolongement et la redéfinition, en 1834, du système de la *workhouse* en Angleterre a parfaitement traduit ce mouvement : l'assistance n'apparaissait justifiable que si elle ôtait leur autonomie à ceux qui en bénéficiaient[3].

Tocqueville avait en vue cette contradiction quand il entrevoyait l'avènement dans les sociétés modernes d'un « pouvoir immense et tutélaire » qui serait la condition de la sécurité. Plus récemment, les États « socialistes » avaient à leur façon mis en place un système de droits sociaux sans citoyenneté. Ils incarnaient une forme d'État-providence qui assurait toute une série de droits matériels en contrepartie de la subordination politique[4]. Cela permet d'ailleurs de comprendre dans des

1. On cite cependant souvent à cette période le philosophe romain Libanius. « L'esclavage, écrivait ce dernier, n'est semblable en rien à la misère du pauvre ; l'esclave dort sur les deux oreilles, nourri par les soins de son maître, tandis que l'homme libre et pauvre veille la nuit pour gagner sa vie, soumis à la misère qui l'exténue de faim » (cité, par exemple, par L.-M. Moreau-Christophe, *Du problème de la misère et de sa solution chez les peuples anciens et modernes*, t. II, p. 145-146).

2. L.-M. Moreau-Christophe, *Du droit à l'oisiveté et de l'organisation du travail servile dans les républiques grecques et romaines*, Paris, 1849, p. 309.

3. Cf. Margaret Ann Crowther, *The Workhouse System, 1834-1929. The History of an English Institution*, Londres, 1981, et Felix Driver, *Power and Pauperism. The Workhouse System, 1834-1884*, Cambridge, Cambridge University Press, 1993.

4. Cf. Laurence Lombart et Raphaël Tresmontant, « Réinventer la protection sociale en Europe de l'Est », *Futuribles*, juillet-août 1993. Xavier Gaul-

termes neufs l'opposition entre droits formels et droits réels. Elle ne renvoie pas seulement à la critique classique des libertés « bourgeoises ». Compris dans ce cadre, l'éloge marxiste des droits réels ne fait souvent que traduire un choix : celui de la solution « archaïque » de la sécurité contre la liberté. Il reste ainsi à l'intérieur du problème à résoudre et ne constitue aucunement une solution de celui-ci.

## Le droit de mendier

La transformation du statut juridique de la mendicité et du vagabondage renvoie au même problème. Dans la plupart des pays, les codes pénaux considéraient jusqu'à très récemment que la mendicité et le vagabondage constituaient un délit[1]. Cela correspondait à un héritage ancien. Au XVII<sup>e</sup> ou au XVIII<sup>e</sup> siècle, le mendiant était accusé de faire sécession du social, de rompre l'ordre des choses. On voyait en lui un individu égoïste, cherchant à fausser les règles de l'échange en rejetant ses devoirs. Une telle critique présupposait bien sûr parallèlement que chacun avait sa place assignée dans l'organisme social. Dans une société de contrainte, cette intégration pouvait de fait être plus ou moins assurée, dès lors en tout cas que chacun acceptait, sans rechigner, la place à laquelle il était affecté.

---

lier parle de « droits sociaux sans citoyenneté qui étaient dépendants de l'arbitraire paternaliste de l'État-parti », *Revue française des affaires sociales*, janvier-mars 1992, p. 4.

1. Cf., en France, les anciens articles 269 et 270 du Code pénal (en vigueur jusqu'en 1994) : « Le vagabondage est un délit. Les vagabonds ou gens sans aveu sont ceux qui n'ont ni domicile certain, ni moyens de subsistance, et qui n'exercent habituellement ni métier, ni profession. »

La révolution individualiste a rendu caduque cette vision. Le rapport à la mendicité et au vagabondage n'a pourtant pas été modifié, tant restait prégnante son expression moraliste. Seuls les arguments ont changé. On a dorénavant reproché au mendiant de ne pas jouer le jeu de l'autonomie individuelle, de refuser d'entrer dans l'âge de la responsabilité personnelle. Mais, comme on s'avérait d'un autre côté incapable de garantir un droit quelconque à l'insertion, le délit de mendicité et de vagabondage ne faisait pratiquement pas l'objet de poursuites.

Aujourd'hui, les choses ont été clarifiées. En France, le nouveau Code pénal a supprimé ce délit. Aux États-Unis, même si la législation de treize États continue à le mentionner, la jurisprudence témoigne d'une inversion progressive. La mendicité finit paradoxalement par être considérée comme un choix : certains juristes américains voient même maintenant en elle l'exercice d'un droit de l'homme[1] ! Les droits de l'homme peuvent ainsi devenir dans cette perspective le vecteur de l'indifférence sociale. Si mendier est un droit, c'est que l'insertion n'est plus un devoir pour la société d'une certaine façon. L'autonomie radicale devient dans ce cas la contrepartie d'un effacement du contrat social.

La notion d'obligation positive naît ainsi du constat de l'impasse à laquelle conduit une vision purement individualiste du social. Sans retomber pour autant dans les utopies communautaires nourries d'une vision « holiste » du social, elle montre la voie d'un *individualisme contractuel* dans lequel le respect principal de l'individu va de pair avec la reconstruction du lien social. La mise en place d'un nouvel État-providence est bien pour cette raison un des éléments essentiels de résolution de la crise de la modernité. C'est en effet à partir de ce nouvel État-

1. Cf., par exemple, Helen Hershkoff et Adam S. Cohen, « Begging to Differ : the First Amendment and the Right to Beg », *Harvard Law Review*, vol. 104, 1991.

providence que peuvent s'inventer concrètement de nouveaux rapports entre le « neuf » de l'individualisme et le « vieux » de la société communautaire.

## L'économie d'insertion

Si le dépassement de l'État passif-providence passe par la redéfinition des droits sociaux et la formulation d'obligations positives, ces dernières n'ont de sens que si leur correspondent des propositions effectives d'activités. *Pas d'obligations positives sans emplois correspondants*, en d'autres termes. C'est là qu'est la clef de l'avènement d'un nouveau type d'État-providence. On en reste aux vœux pieux et aux bonnes intentions tant que l'on n'aborde pas de front cette question.

L'État passif-providence, nous l'avons longuement souligné, se nourrit de la coupure entre l'économie et la société. Il n'y a que deux façons d'effacer cette coupure : plier plus complètement la société à la logique de marché (effacement « par le bas ») ou créer un espace économique intermédiaire. Il n'y a plus en effet d'effacement possible « par le haut », c'est-à-dire de financement simultané par la croissance d'une réduction des inégalités dans le travail et d'un État-providence compensateur.

Plier la société à la logique du marché ? C'est vers cet horizon que tendent, depuis le début des années 1980, les sociétés britannique et américaine. Chaque individu y trouve plus facilement sa place qu'en Allemagne et en France, mais à une condition fondamentale : l'acceptation d'un abaissement des rémunérations. L'absence de salaire minimum permet en effet dans ce cas à la flexibilité des salaires de s'exercer, favorisant la création des emplois peu qualifiés et mal rémunérés qui sont, au contraire, supprimés dans les économies au niveau de protection sociale plus élevé. L'intégration économique se paie alors d'une différenciation croissante des conditions. Il y a moins d'exclus de la sphère du travail (le faible taux de chômage américain le montre[1]), mais c'est à l'intérieur de cette dernière que se trouvent les fractures. On ne fait alors que déplacer la ligne de séparation : elle n'est plus entre actifs et chômeurs mais traverse la condition salariale. Intégration économique et désintégration sociale vont alors de pair. Vaincre le chômage au prix d'un accroissement massif de la pauvreté ne constitue pas une solution. Le cas anglais mérite là d'être sérieusement médité[2]. On retrouve au fond dans ces conditions le modèle archaïque de l'inclusion par l'hétérogénéité radicale (le serf et le seigneur vivaient deux humanités séparées, mais ils étaient, tous les deux, inscrits dans une représentation unifiée d'un monde hiérarchisé). Avec une différence essentielle, c'est que le lien social reposait dans les sociétés anciennes sur la croyance dans le caractère naturel des différences. Ce n'est plus le cas dans le monde moderne. La société démocratique repose au contraire sur le principe d'une intégration par l'égalité, par le contrat. Si les conditions d'une *civilité* commune ne sont pas réunies – ce qui est le cas aux États-Unis –, les individus n'ont le choix qu'entre la résignation ou la révolte. D'où l'importance anthropologique de l'économie criminelle : l'insertion délinquante semble parfois mieux préserver la dignité que l'insertion économique par le bas.

1. Bien que le faible taux de chômage américain soit aussi lié à des phénomènes de retrait volontaire, les chômeurs de longue durée n'ayant aucun intérêt à être inscrits au chômage puisqu'ils ne perçoivent plus d'indemnités.

2. En Angleterre, le *Low Pay Network* a montré que la baisse des salaires n'avait même pas créé d'emplois dans des secteurs comme ceux de la restauration et de l'hôtellerie. On trouve pourtant actuellement dans ce secteur des salaires inférieurs à 2 livres de l'heure ! Sur le débat concernant l'institution d'un salaire minimum qui découle de ce type de faits, cf. l'article « A National Minimum Wage », *The Economist*, 3 septembre 1994.

Créer un espace économique intermédiaire ? C'est ce que font de façon expérimentale depuis une dizaine d'années les politiques d'insertion économique. Elles peuvent être rangées en France dans quatre catégories : les processus facilitant l'entrée sur le marché du travail des jeunes ; les techniques de requalification sociale et de réadaptation professionnelle des exclus ; les dispositifs permettant l'emploi de personnes peu qualifiées ; les mesures favorisant le retour à l'emploi des chômeurs de longue durée.

Les processus facilitant l'entrée sur le marché du travail des jeunes sont les mieux connus. Contrats de qualification, d'adaptation, etc. : la gamme des dispositifs destinés aux jeunes est large. La principale technique de requalification et de réadaptation repose, quant à elle, sur les contrats emploi-solidarité. De 1990 à 1993, environ un million de personnes ont été employées en contrat emploi-solidarité (CES). Lancés pendant l'année 1990 pour succéder aux travaux d'utilité collective (TUC), ces contrats à mi-temps sont destinés à favoriser l'insertion professionnelle des personnes privées d'emploi. Rémunérés à la moitié du SMIC, les contrats emploi-solidarité sont conclus avec des organismes publics ou des associations pour des périodes allant de trois à douze mois (voire trente-six mois dans certains cas particuliers). Avantageux financièrement, ces contrats permettent aux employeurs qui y recourent d'obtenir une exonération des charges patronales et la prise en charge de 65 % à 85 % de la rémunération du bénéficiaire d'un CES par l'État. Résultat : les contrats emploi-solidarité constituent au moins la moitié des effectifs dans plus des deux tiers des associations, la moitié des communes et un quart des établissements publics. Depuis 1990, le profil des bénéficiaires a sensiblement évolué. La part des jeunes a ainsi diminué de moitié : de 1990 à 1993, elle est passée de 63 % à 32 %, notamment au profit des RMistes.

Les dispositifs permettant l'emploi des personnes peu qualifiées sont encore à l'étude. L'idée générale est de subventionner les emplois qui ne seraient pas rentables s'ils étaient « normalement » rémunérés (emplois qui ont d'ailleurs disparu pour cette raison). L'objectif serait donc de faire en sorte que ces emplois redeviennent rentables pour l'employeur, principalement en les exonérant de charges sociales : le salarié pourrait ainsi continuer d'être rémunéré au SMIC, tout en ayant un coût inférieur pour son employeur. Les mesures qui visent à accorder des allégements de charges aux entreprises qui recrutent des chômeurs de très longue durée visent un objectif analogue. Intégration sociale et efficacité économique iraient ainsi de pair : le SMIC en tant que minimum pour assurer une intégration normale à la société est découplé de la valeur réelle d'usage du travail.

A travers ces différentes politiques, il se met en place une sorte d'économie intermédiaire de l'intégration sociale[1], contribuant à effacer la coupure mortelle entre l'univers de l'entreprise efficace et la sphère solidariste de l'État-providence. Cela ne va pas sans poser de nombreux problèmes encore mal explorés.

On peut d'abord remarquer que ces politiques ont déjà amorcé le virage vers les obligations positives[2]. Pour continuer à être inscrit à l'ANPE, il faut ainsi dans certains cas suivre une formation, voire même accepter un contrat emploi-solidarité. Mais comment aller plus loin ? Ce ne peut être sous la forme stricte du *workfare*. Dans ce cas, ce serait en effet à l'État de créer tous les emplois nécessaires. On passerait alors

1. Sur ce point, où la littérature est très abondante, cf. Bernard Eme et Jean-Louis Laville, *Cohésion sociale et Emploi*, Paris, Desclée de Brouwer, 1994.

2. Pour une analyse proprement économique de l'efficacité de ces obligations positives, cf. T. Besley et S. Coate, « Workfare versus Welfare : Incentive Arguments for Work Requirements in Poverty-Alleviation Programs », *The American Economic Review*, mars 1992

de l'État-providence à l'Emploi-providence, avec tous les risques que cela comporterait. Le système serait de toute façon malcommode à gérer par les institutions sociales versant des allocations chômage ou des allocations d'assistance qui auraient à prendre les « sanctions » éventuelles envers les individus n'effectuant pas leur contrepartie de travail. La voie est difficilement praticable tant administrativement que socialement.

La solution à ces difficultés pourrait être la suivante : transférer une partie des allocations sociales (chômage de très longue durée, RMI en France, AFDC aux États-Unis) vers des *agences sociales* autonomes qui fonctionneraient comme des prestataires de services collectifs ou sociaux et rémunéreraient le travail des chômeurs effectuant ces tâches. L'indemnisation du chômeur de très longue durée, pour prendre cet exemple, aurait ainsi deux composantes (dont la proportion pourrait varier dans le temps) : une indemnité ordinaire d'un côté et un salaire de l'autre ; un système d'incitation financière à déplacer le curseur vers l'activité pourrait en outre être mis en place. Au lieu de créer des quasi-emplois publics de façon centralisée, on pourrait ainsi développer une gamme beaucoup plus large d'activités de façon multiforme. Des modalités d'auto-emploi pourraient aussi être encouragées dans ce cadre[1] (car on sait qu'un des obstacles décisifs au développement d'une économie intermédiaire réside dans le sentiment de dévalorisation personnelle qui peut être lié à certains emplois de services relationnels).

L'objectif de ce livre n'est pas de développer des solutions techniques ou de faire la théorie économique de cette nouvelle économie intermédiaire. Il serait par exemple nécessaire de souligner qu'elle doit rester dans le secteur non marchand pour

1. Cf. Steven Balkin, *Self-employment for Low-income People*, New York, Praeger, 1989, ainsi que le dossier « Working for Yourself », publié dans *The Economist*, 29 août 1992.

éviter les risques de substitution perverse qu'entraîneraient des formules comme l'extension des contrats emploi-solidarité aux entreprises privées (les entreprises risquant alors de se débarrasser de leurs salariés ordinaires pour les remplacer par des chômeurs dont les charges seraient allégées). Mais il faut être bien conscient que les différentes procédures d'insertion conduisent en fait inéluctablement à la constitution d'un quasi-secteur économique, même si l'objectif est bien sûr qu'il ne finisse pas par employer une population qui deviendrait fixe. Ce secteur doit rester pour l'essentiel un espace de resocialisation et de réapprentissage professionnel. Dans moins de dix ans, les contrats emploi-solidarité auront donné naissance à une nouvelle économie de services. Le dépassement de l'État passif-providence va ici de pair avec la pluralisation du système de production[1]. En fin de compte, on opérera ainsi principalement un transfert de dépenses publiques. Mais on passera d'une dépense passive (l'indemnisation) à une dépense active (la prestation de nouveaux services). A niveau égal ou inférieur de prélèvements obligatoires, la qualité de la vie de tous en sera accrue.

1. On comprend donc mal pourquoi l'expérience des entreprises d'insertion a été si peu soutenue par les pouvoirs publics en France.

CHAPITRE VII

# L'INDIVIDUALISATION DU SOCIAL

Des populations aux situations

L'exclusion : trajectoires et processus

Déchiffrer la société

Les nouvelles magistratures du sujet

Repenser l'égalité des chances

La machine sociale est aujourd'hui grippée. L'État-providence tel qu'il a été institué en 1945 puis développé ensuite ne constitue plus un modèle d'avenir. Ses fondements philosophiques et techniques se sont délités : les principes et les procédures organisateurs de la solidarité ne sont plus adaptés ; la conception traditionnelle des droits sociaux n'est plus vraiment opératoire pour répondre aux défis nouveaux de l'exclusion. Nous avons essayé d'établir le répertoire de ces déphasages dans les chapitres précédents. Ce ne sont cependant pas seulement les règles, les droits et les procédures qui sont en cause. L'État-providence est aussi confronté à une sorte de révolution sociologique. Pour le dire d'un mot, ses « sujets » ont dorénavant changé. L'État-providence était bien organisé pour traiter les problèmes de populations relativement homogènes, de groupes ou de classes si l'on veut. Il doit maintenant surtout prendre en charge des individus qui se trouvent tous dans des situations qui leur sont particulières.

## Des populations aux situations

L'État-providence a historiquement superposé trois éléments : des populations cibles, des ensembles de règles et de prestations adaptées, des corps de travailleurs sociaux spécialisés. Le progrès social s'est presque toujours déroulé selon le même schéma ternaire. Dans un premier temps, une population cible (adultes handicapés, familles monoparentales, mères mineures, etc.) était identifiée. Cette population était ensuite statistiquement, juridiquement et administrativement constituée, prête à devenir un objet pour l'action publique. Dans un deuxième temps, des droits et des allocations spécifiques étaient mis en place. Puis, enfin, des agents publics et des travailleurs sociaux spécialisés assuraient la gestion du système, vérifiant les qualités d'ayants droit à une prestation donnée des demandeurs, régulant ainsi l'adéquation règle-population. Ce système, longtemps efficace, n'est plus adapté au traitement des problèmes sociaux qui apparaissent aujourd'hui les plus pressants. Si l'on prend deux exemples centraux – les chômeurs de longue durée et les ménages surendettés –, on constate qu'il n'y a pas, dans chacun de ces cas, existence d'un groupe ou d'une population au sens traditionnel des politiques sociales. Ce sont chaque fois des situations particulières qu'il s'agit de gérer, et non des individus qu'il conviendrait seulement de mettre dans la bonne case. Les chômeurs de longue durée ou les ménages surendettés, pour reprendre ces exemples, désignent d'une certaine façon des « sujets sociaux » d'un type nouveau.

Prenons d'abord le cas des chômeurs de longue durée. Les approches statistiques classiques sont inopérantes pour en dresser le portrait. On ne peut pas les appréhender avec les critères usuels de sexe, d'âge, de formation, de revenu, etc. Il n'y a pas de chômeur de longue durée type, comme il y a, par exemple, un enfant scolairement retardé type. Dans ce dernier cas, il est en effet possible de définir une population de retardés scolaires à partir de quelques critères simples (nature de la structure familiale, nationalité, capital culturel des parents), et donc d'agir de manière à compenser les facteurs handicapants pour l'enfant. Cette approche ne convient pas pour comprendre les chômeurs de longue durée. Les enquêtes qui se sont multipliées ces dernières années arrivent toutes à la même conclusion : aucune caractéristique ne permet d'identifier *a priori* les chômeurs de longue durée auxquels le marché du travail resterait presque définitivement fermé[1]. Même les femmes âgées, non diplômées et passives retrouvent, par exemple, à 10 % un emploi. Du même coup, les connaissances que l'on peut avoir sur les facteurs de risque de chômage de longue durée, comme celles sur les chances d'un retour à l'emploi des chômeurs de longue et très longue durée, apparaissent trop incertaines pour justifier des politiques spécifiques construites sur les critères sociodémographiques usuels[2].

Les variables explicatives de l'ancienneté du chômage, on le sait maintenant, doivent donc être recherchées ailleurs que dans les seules données sociologiques usuelles. C'est à un niveau beaucoup plus fin et plus individualisé qu'il faut comprendre les choses. Les caractéristiques objectives (localisation géographique, âge, sexe, diplôme) ne peuvent être séparées là des variables plus directement biographiques : expériences professionnelles antérieures (mobilité, type de contrat de travail), évolution de la structure familiale, histoire psychologique personnelle, etc. Ce sont des situations et des trajectoires individuelles et non des groupes ou des populations que l'on doit décrire pour saisir ce qu'est le chômage de longue durée[3].

1. Cf. sur ce point Didier Demazière, *Le Chômage en crise ? La négociation des identités des chômeurs de longue durée*, Lille, Presses universitaires de Lille, 1992.

2. Cf. les analyses de Raphaël Tresmontant, « Chômage : les chances d'en sortir », *Économie et Statistique*, mars 1991, et de Mireille Elbaum, « Pour une autre politique de traitement du chômage », *Esprit*, août-septembre 1994.

3. On peut citer à ce propos la métaphore de l'autobus employée par Schumpeter à propos des classes sociales : « Les classes sociales sont comme des autobus dont le trajet constitue un objet spécifique de description, même si les véhicules ne contiennent plus à l'arrivée les mêmes voyageurs qu'au départ et, à la limite, au terminus plus aucun de ceux qui y

C'est à l'histoire individuelle plus qu'à la sociologie qu'il faut de plus en plus faire appel pour analyser le social. L'étude de l'insertion professionnelle des jeunes le montre bien. Dans une remarquable monographie, Chantal Nicole-Drancourt a mis en évidence que les différences des parcours d'insertion ne pouvaient pas être rapportées aux facteurs classiques d'âge et de diplôme[1]. Ce sont des variables de comportement, et en particulier l'attitude par rapport au travail, qui expliquent en fin de compte le mieux pourquoi les parcours d'insertion sont très rapides pour certains, très entrecoupés de chômage pour d'autres, très instables pour beaucoup.

On pourrait encore prendre d'autres exemples pour souligner ce point essentiel quant à la nature des changements qui affectent notre compréhension du social. Le cas des ménages surendettés est particulièrement intéressant. Depuis 1990, une procédure spéciale a été instaurée en France pour traiter la situation de ces ménages qui n'arrivent plus à rembourser leurs crédits[2]. En moins de trois ans (1993) 284 000 dossiers, chiffre énorme, étaient déposés. Il est là aussi vite apparu qu'il n'y avait pas de portrait-robot du ménage surendetté et que le phénomène était loin de ne concerner que les populations classiquement considérées comme économiquement et socialement

---

étaient montés » (cité par Jean-Claude Passeron dans son article « Biographies, flux, itinéraires, trajectoires », *Revue française de sociologie*, vol. XXXI, 1989).

1. Cf. Chantal Nicole-Drancourt, *L'Insertion professionnelle des jeunes*, Paris, CNRS-INSEE, 1991. Cf., du même auteur, « L'idée de précarité revisitée », *Travail et Emploi*, 1992, qui note que, pour appréhender de façon cohérente la précarité, « il faut considérer la trajectoire [des jeunes] dans son ensemble et sur un très long terme pour donner du sens aux événements [...]. Remis en perspective dans une approche longitudinale, les événements biographiques s'agrègent pour former des ensembles qui présentent des régularités » (p. 63).

2. La loi Neiertz du 31 décembre 1989 a mis en place des commissions départementales *ad hoc* auprès des bureaux de la Banque de France. Son esprit est d'inviter les débiteurs et les créanciers à s'entendre.

vulnérables (professions à bas revenus, chômeurs...). La population des « mauvais payeurs » s'est révélée très hétérogène : elle comprend des ouvriers et des cadres, des jeunes et des vieux, des ruraux et des urbains. Certains facteurs (le célibat, le divorce, le nombre d'enfants) semblent certes accroître la fréquence du surendettement, mais aucune typologie solide ne peut en être déduite. Des études plus fines[1] ont par contre permis d'identifier des variables d'une autre nature que celles d'ordre socioprofessionnel : variables liées à la trajectoire professionnelle (nombre d'employeurs passés, nombre et durée d'interruptions d'activité) et aux problèmes connus dans l'enfance (mésentente entre les parents, divorce, difficultés financières rencontrées par la famille, inachèvement du cycle d'études, nombre de frères et de sœurs, profession du père à la naissance, maladies organiques et psychosomatiques). C'est l'histoire des individus qui est là encore décisive. Les facteurs les plus clairement annonciateurs d'incidents futurs de paiement résident ainsi dans la faible structuration du parcours biographique[2].

1. Cf. le travail pionnier de Georges Menahem, « Problèmes familiaux, trajectoires professionnelles et incidents de paiement. La simulation probabiliste du développement d'un *credit-scoring* », in *Rapport au Conseil national de crédit : l'endettement des ménages*, Paris, 1989.

2. Les grilles de *credit-scoring* des banques, qui sont destinées à mesurer les risques dans l'attribution de prêts, cherchent de plus en plus à intégrer de tels éléments biographiques. Mais la collecte d'informations de cette nature est actuellement sévèrement restreinte par la Commission Informatique et Libertés. On voit là que la protection de la vie privée peut aussi conduire à limiter le contenu des études de trajectoires sociales.

## L'exclusion : trajectoires et processus

Les chômeurs de longue durée ou les ménages surendettés ne constituent pas des populations au sens traditionnel de l'action sociale. Les individus concernés ne sont pas non plus un groupe au sens sociologique. Ils ne font que partager un certain profil d'ordre biographique, leurs vies ont épousé des *trajectoires* qui présentent une certaine homologie : succession identique de ruptures sociales ou familiales, même type de décrochages professionnels. Ce sont les « formes » de leur histoire et pas leurs caractéristiques socioprofessionnelles qui les rapprochent. C'est pourquoi ils ne constituent ni une communauté sociale ni un groupe statistique.

D'une façon générale, tous les phénomènes d'exclusion comportent d'ailleurs la même leçon : l'approche statistique classique est inadéquate à leur compréhension. Un rapport du Commissariat général du Plan l'a récemment souligné avec force[1]. Cela n'a aucun sens d'essayer d'appréhender les exclus comme une catégorie. Ce sont les *processus* d'exclusion qu'il faut prendre en compte. La situation des individus concernés doit en effet être comprise à partir des ruptures, des décalages et des pannes qu'ils ont vécus. Ce sont des écarts et des différences qui les marquent et non pas des positivités descriptives ordinaires (revenu, profession, niveau de formation, etc.). Il ne sert donc pas à grand-chose de « compter » les exclus. Cela ne permet pas de les constituer en objet d'action sociale. L'important est d'abord de bien analyser la nature des trajectoires qui

1. *Exclus et Exclusions : connaître les populations, comprendre les processus*, sous la direction de Philippe Nasse, Commissariat général du Plan, Paris, janvier 1992, Rapport du groupe technique quantitatif sur la prospective de l'exclusion

conduisent aux situations d'exclusion en tant qu'elles sont chaque fois les résultantes d'un processus particulier. D'où d'ailleurs l'importance nouvelle des notions de précarité et de vulnérabilité[1].

La difficulté de mobiliser et de représenter les exclus s'explique par le fait qu'ils se définissent d'abord par les pannes de leur existence, par une négativité donc. Ils ne constituent pas pour cette raison une force sociale que l'on pourrait mobiliser. Ils ne sont pas les nouveaux prolétaires de la société de chômage. Ils n'ont pas à proprement parler d'intérêt commun. Ils ne forment nullement une classe objective, au sens que la tradition marxiste donne à ce terme (position dans le processus de production). Les exclus forment même, presque par essence, une « non-classe ». Ils constituent l'ombre portée des dysfonctionnements de la société, résultent d'un travail de décomposition, de désocialisation, au sens fort du terme. Alors que le social est positivement constitué par l'agrégation de l'activité des individus, la fusion de leurs traits individuels dans des caractéristiques moyennes, l'exclusion résulte d'un processus de désagrégation.

Sous des modes extrêmement diversifiés, les phénomènes d'exclusion sont des manifestations de la différence et non pas de l'agglomération sociale. L'exclusion ne constitue donc pas un phénomène monolithique. « Parler de ces manifestations, note l'étude du Plan, c'est mettre en évidence le fonctionnement de la société par rapport à ces différences : elles conduisent à la mise à l'écart et à la non-participation réelle et symbolique des exclus, résultat de l'approche en termes de normes.

1. Cf. le dernier rapport publié par le CERC, *Précarité et Risque d'exclusion en France*, Paris, La Documentation française, 1993, qui note, par exemple, que 37 % des salariés estiment que leur emploi est plus ou moins instable. Cf. aussi les analyses de Robert Castel, « De l'exclusion comme état à la vulnérabilité comme processus », *in* Joëlle Affichard et Jean-Baptiste de Foucauld, *Justice sociale et Inégalités*, Paris, Éd. Esprit, 1992

Le concept d'exclusion représente donc une manière particulière de reconnaître et de définir les problèmes sociaux ainsi que les catégories de populations correspondantes. En ce sens, l'exclusion n'est pas un nouveau problème social, c'est plutôt une autre manière de décrire les difficultés à établir des solidarités, soit des individus entre eux, soit des groupes dans l'ensemble social. Parler d'insertion, c'est alors s'intéresser aux différentes formes d'agrégation existantes ou à promouvoir[1]. »

Pour la même raison, les exclus sont en quelque sorte « irreprésentables » : ils ne constituent pas une classe qui pourrait avoir ses délégués ou ses porte-parole. C'est pour cela qu'il n'y a pas de syndicats de chômeurs et que toutes les tentatives de transformer, d'une façon ou d'une autre, en force collective organisée les millions de chômeurs ont toujours échoué. L'idée traditionnelle de représentation consiste en effet à faire dériver un organe politique de la structure sociale. Elle présuppose donc une sociologie implicite, car ce sont des ordres, des classes et des corps, constituants de base de la structure sociale, qui sont représentés.

Or les exclus ne constituent pas un ordre, une classe ou un corps. Ils indiquent plutôt un manque, une faille du tissu social. C'est cette caractéristique qui fait actuellement des chômeurs un groupe purement virtuel, sans représentants. D'où la tendance à laisser s'effacer une population derrière le problème qui la définit. On parle du paupérisme plus que des pauvres, du chômage plus que des chômeurs, de l'exclusion plutôt que des exclus. Dans ce cas, c'est une logique de connaissance sociale qui doit se substituer au processus classique de représentation. Pour cela, il faut apprendre à comprendre autrement le social, à le décrire dans des termes neufs.

De son côté, la mise en place du RMI a accompagné la prise de conscience des limites d'une action publique fondée sur la

1. Rapport cité de Philippe Nasse, p. 1.

notion de population cible. Jusqu'au début des années 1980, on pouvait penser que les techniques classiques de l'État-providence, assises sur le double registre de l'assistance et de l'assurance, permettaient de répondre à toutes les situations. Si l'on découvrait des trous dans le filet de protection sociale, on se contentait de mettre en place un dispositif particulier adapté à la population concernée. De multiples actions sociales ponctuelles ont, par exemple, essayé dans les années 1970 de prendre en charge des populations dites du quart monde. La seule difficulté résidait dans le fait que ces groupes de délaissés de la protection sociale étaient souvent difficiles à saisir et encore plus à classer[1].

Si l'on avait pu se contenter de continuer à boucher, au coup par coup, les trous du filet de protection sociale, le RMI n'aurait pas eu de raison d'être. Si le RMI s'est finalement imposé, c'est que l'État et les travailleurs sociaux se sont rendu compte qu'un nombre croissant d'individus en situation de précarité n'appartenaient à aucune des catégories traditionnelles de l'action sociale. Toute une partie des personnes vivant en dessous d'un certain seuil de revenu n'étaient même pas identifiées. D'abord parce qu'il n'y a pas de statistiques homogènes en la matière. Mais aussi parce que les critères non monétaires, qui revêtent en la matière une importance toute particulière (l'environnement, le statut familial, l'ancrage dans les solidarités proches), ne peuvent être captés par les statistiques. On a ainsi noté le nombre élevé d'allocataires du RMI qui n'avaient jamais bénéficié auparavant d'une aide sociale (selon le CERC, ils étaient 200 000 en 1992) constituant ce que l'on a pu appeler des personnes démunies « sans cause » : ni licenciées, ni handicapées, ni âgées, ni en charge d'enfants, elles n'avaient pas été touchées par les politiques sociales catégo-

1. Cf. sur ce point les analyses de Jean-Michel Belorgey, *La Gauche et les Pauvres*, Paris, Syros-Alternatives, 1987.

rielles. Les enquêtes ont d'ailleurs montré que, parmi les RMistes, on ne distingue aucune surreprésentation manifeste d'une des variables classiquement prises en compte (l'âge, le diplôme, le sexe…).

En fait, il n'y a pas d'explication statistique de la spécificité de l'extrême pauvreté. La pauvreté reste toujours fondamentalement inscrite dans une histoire personnelle. La mise en place du RMI correspond ainsi à une véritable rupture dans le regard porté sur le social. Sa force d'innovation a été de rompre avec les logiques antérieures d'intervention pour « tracer une diagonale du pauvre » et « dépasser le ciblage étroit des populations par un traitement oblique des situations et des individus »[1].

## Déchiffrer la société

Le fait que les situations d'exclusion soient considérées comme le problème social majeur à l'aube du XXI^e siècle explique le sentiment diffus de méconnaissance sociale qui traverse nos sociétés. Alors que nous disposons d'un nombre toujours croissant de statistiques, nous avons paradoxalement l'impression de moins bien déchiffrer le social. Celui-ci est, à bien des égards, devenu plus insaisissable. Tout se passe comme si une partie de la réalité passait de fait à travers les mailles du filet, pourtant très serré, des chiffres produits par les diverses institutions statistiques. Nous nous heurtons à une véritable difficulté de déchiffrement global, qui est une autre

1. Cf. sur ce point les bonnes remarques de Robert Castel et Jean-François Laé, « La diagonale du pauvre », in *Le Revenu minimum d'insertion, une dette sociale*, Paris, L'Harmattan, 1992. Cf. aussi le *Rapport de la Commission nationale d'évaluation du RMI*, présenté par Pierre Vanlerenberghe, Paris, La Documentation française, 1992.

facette du déficit de représentation dont nous avons précédemment parlé. Si nous disposons d'un nombre croissant d'informations qui rendent plus transparents les individus[1], la société apparaît moins lisible dans sa totalité. Comment expliquer ce paradoxe : une société plus opaque allant de pair avec une abondance toujours croissante de statistiques ? La réponse est simple : les appareils de connaissance statistique – les nomenclatures qu'ils produisent, les catégories qu'ils utilisent, les concepts qui les organisent – sont globalement décalés par rapport à la réalité. Ces appareils ont été conçus et mis en place à partir du XIXe siècle pour saisir une société de classes, cloisonnée, organisée hiérarchiquement, aux mouvements relativement lents. Ils ne sont plus adaptés pour décrire la société actuelle, ou du moins n'en saisissent-ils qu'une part limitée.

Nous vivons certes toujours dans une société fortement différenciée, dans laquelle les inégalités, même si elles n'ont plus l'ampleur de celles du passé, restent très marquées. Mais, si l'on prend en compte la masse centrale de la population salariale, il n'y en a pas moins eu formation d'une vaste classe moyenne, plus difficile à appréhender. Ce terme vague de classe moyenne, indifféremment pluriel ou singulier, doit d'ailleurs bien être compris. On se trompe si on ne voit dans l'avènement des classes moyennes qu'une banale évolution sociologique. Il ne traduit pas seulement une transformation des niveaux de vie engendrée par la croissance ou une mutation du système de production liée au développement des services. Si la société dite des classes moyennes correspond pour une part à un mouvement d'homogénéisation des modes de vie, de dé-hiérarchisation sociale, on ne peut en rester à ce

1. La déchirure du voile d'ignorance, dont nous avons parlé précédemment, s'opère à ce niveau des situations individuelles. Elle ne signifie pas que les mécanismes sociaux deviennent plus lisibles. Les deux ordres de connaissance sont séparés.

simple constat. Une telle société se caractérise surtout par une formidable réorganisation des modes de différenciation. Ceux-ci ne sont plus uniquement collectifs (exprimés dans des catégories de revenus, de diplômes, etc.) : ils deviennent plus individualisés.

D'où le sentiment que l'on passe d'une différenciation « dure » à une différenciation « floue »[1]. Dans un tel cadre, a-t-on justement noté, « la plupart des actes de la vie quotidienne échappent à une codification précise. Aucune structure n'est plus absolument contraignante (affaiblissement des normes), ni satisfaisante (laminage des différences). Alors qu'elle n'était qu'un sous-produit "naturel" du statut, la différence est alors recherchée pour elle-même, et sa quête ne saurait avoir de fin. Dans ce contexte, les comportements deviennent "opportunistes" : chacun règle sa conduite selon les circonstances. Les événements enregistrés par les statistiques (actes) perdent alors leur sens[2] ». C'est un phénomène qui a été particulièrement bien observé dans le domaine de la consommation.

Les statistiques traditionnelles s'avèrent inaptes à décrire ce nouvel univers social, plus atomisé et plus individualiste, aux contours plus fluctuants et plus instables. La connaissance traditionnelle fondée sur le concept de *classement* devient inadaptée car elle présupposait l'existence de différences stables. Les types de consommation, par exemple, ne caractérisent plus un groupe, ils ne font que donner une indication passagère, volatile. S'il n'y a plus de fixité dans les modes de vie et de consommation, il n'est donc plus possible de construire des catégories sociales à partir des indications données par ces éléments. L'opacité que nous ressentons vient d'abord de là. Elle correspond au fait que les moyens de

1. Cf. Maurice Comte, « Le flou et le dur », *in* « La cité des chiffres ou l'illusion des statistiques », *Autrement*, septembre 1992.
2. Maurice Comte, art. cité, p. 161-162.

connaissance statistique ne sont plus adaptés à la compréhension des mouvements d'une société aux énergies sociales plus faibles et plus diffuses.

On voit bien d'un autre côté que les catégories socioprofessionnelles classiques ne renvoient plus comme autrefois à des hiérarchies figées. Si l'on prend en France le revenu annuel médian de la catégorie des « professions intermédiaires », on constate par exemple que 21 % des cadres se situent en dessous de ce seuil, alors que 14 % des ouvriers le dépassent. Niveau de revenu, capital culturel et catégorie socioprofessionnelle ne s'emboîtent plus aussi clairement que dans le passé, ce qui rend la société moins facilement lisible.

La dérégulation économique et la croissance du chômage qui ont marqué les années 1980 et 1990 n'ont fait qu'accroître la difficulté de déchiffrer la société. Même si ce n'est que de façon confuse, nous sentons bien en effet que les mots que nous utilisons collent de moins en moins aux réalités : nous sommes confrontés de façon croissante à un problème de *qualification*. L'inadaptation du langage va ici de pair avec la moindre pertinence des statistiques et le déphasage des politiques. La multiplication des pannes et des ruptures dans le social n'a fait qu'accentuer la rupture avec la société bien ordonnée des classes. Les variables topologiques et biographiques ont pris une importance accrue dans la compréhension du monde. Ce ne sont plus des identités collectives qu'il faut décrire mais des parcours individuels. D'où un certain désarroi du sociologue habitué à compter et à classer pour déchiffrer le social et rendre lisible le mouvement des choses. La crise des sciences sociales est ainsi partie prenante de la crise du politique.

Les formes d'intervention de l'État-providence ne pourront être véritablement redéfinies que si de nouvelles approches du social se font jour. Alors que les rendements cognitifs des grandes machineries statistiques s'avèrent décroissants, il est temps d'en revenir à un nouvel usage de la monographie, pour appréhender de façon sensible ce que l'on pourrait appeler le *grain du social.*

L'interrogation méthodologique touche toutes les sciences sociales. On perçoit bien, par exemple, l'épuisement de la démarche sociologique traditionnelle, qui était méthodologiquement liée à l'exploitation des tableaux croisés de données (intégrant eux-mêmes toutes les opérations d'agrégation et de sélection des collectes de matériaux statistiques). Le sociologue devra dorénavant se rapprocher de l'historien pour comprendre les mouvements du social. L'histoire sociale est d'ailleurs elle-même en train de s'interroger en profondeur sur ses méthodes. Après une phase d'enthousiasme statistique, les historiens sociaux ont également fini par découvrir les impasses des approches quantitatives[1]. On assiste en regard à une recompréhension et à une revalorisation de la biographie[2], comme à une certaine redécouverte de la prosopographie (rassemblement d'études biographiques pour décrire un groupe ou un problème). « L'analyse des parcours de vie d'un ou de plusieurs personnages concrets, défendent ainsi Maurizio Gribaudi et Alain Blum à propos de l'étude des formes de stratification et des mobilités, a permis d'individualiser plus finement les mécanismes à travers lesquels se forment les physionomies sociales et d'avancer dans la construction de modèles moins schématiques[3]. »

Pour saisir le social, il faut aujourd'hui donner congé à l'« homme moyen » de Quételet et au « fait sociologique » de Durkheim et rendre aux données leurs valeurs individuelles.

1. Cf. l'article très stimulant de Maurizio Gribaudi et Alain Blum, « Des catégories aux liens individuels : l'analyse statistique de l'espace social », *Annales ESC*, novembre-décembre 1990.

2. Cf. Giovanni Levi, « Les usages de la biographie », *Annales ESC*, novembre-décembre 1989. Sur le rapport du retour à la biographie et à la micro-histoire, cf. la préface de Jacques Revel, « L'histoire au ras du sol » à Giovanni Levi, *Le Pouvoir au village*, Paris, Gallimard, 1986.

3. Art. cité, p. 1367.

C'est faute de le faire que la société peut parfois apparaître insaisissable. La redéfinition de l'État-providence passe aussi par cette révolution cognitive.

## Les nouvelles magistratures du sujet

Si l'efficacité des politiques sociales impose de considérer les individus dans leur singularité, ne risque-t-on pas en retour de transformer l'État-providence en instance de gestion et de contrôle des comportements ? La question est dorénavant posée. La prise en compte des spécificités individuelles implique en effet, d'une façon ou d'une autre, qu'elles soient évaluées, donc soumises à une forme de jugement. C'est pour cette raison que la nouvelle approche du social en termes de droit procédural risque de renvoyer pour une part à une figure archaïque . celle de la classification des pauvres en fonction de leur mérite. C'est un problème très important pour l'avenir, qu'il convient d'examiner avec attention.

Quiconque a participé à une des commissions locales d'insertion qui décident de la prorogation ou de la cessation du versement du RMI aux allocataires ne peut manquer d'en être frappé : on semble parfois transporté au XIX^e^ siècle dans l'enceinte d'un bureau de bienfaisance, lorsqu'il s'agissait de distinguer les bons et les mauvais pauvres[1]. La tentation du contrôle social des exclus, ou tout simplement des allocataires de l'État-providence dès lors que leurs allocations ne procèdent plus d'une contrepartie assurancielle, devient

1. Cf. Isabelle Astier, « Chronique d'une commission locale d'insertion », *in* Jacques Donzelot (éd.), *Face à l'exclusion*, *op. cit.* Je me fonde aussi sur ma propre participation à une commission locale d'insertion pour formuler cette appréciation.

réelle. Si c'est à partir du milieu des années 1960 que l'on a vu surgir toute une littérature suspectant l'État-providence de visées normalisatrices, voire policières, ce n'est que trente ans plus tard que le problème se pose vraiment, alors que cette littérature dénonciatrice a depuis longtemps disparu !

L'évolution est très nette aux États-Unis, où de nombreux programmes sociaux se sont donné pour objectif d'exercer une pression éducative ou même d'agir directement sur la forme de la structure familiale. On s'est ainsi mis à parler de *learnfare* et de *wedfare*.

Les programmes de *learnfare* lient le montant des allocations à l'effort de scolarisation des parents. Depuis 1988, dans le Wisconsin, les allocations sont réduites si les enfants ne vont pas à l'école, et l'Ohio prévoit depuis 1989, comme la Californie, de verser un supplément aux adolescents ayant un enfant à charge qui continuent à aller à l'école. Les programmes de *wedfare* encouragent les parents à se sentir responsables du nombre de leurs enfants ou à reconstituer une cellule familiale stable. Dans le Wisconsin et dans le New Jersey, des allocations supplémentaires sont versées si les parents se marient et elles sont au contraire bloquées s'ils ont de nouveaux enfants[1]. Plus largement, ce sont des mesures de contrôle des comportements qui se mettent en place. Dans le Connecticut, par exemple, les personnes droguées qui refusent de suivre un traitement de désintoxication voient leurs allocations suspendues. Dans le Maryland, les versements sont réduits de 30 % quand des allocataires ne paient pas leur loyer ou ne donnent pas de soins médicaux à leurs enfants. Dans le projet Clinton, les mères adolescentes seraient contraintes de rester à l'école pour obtenir les allocations et devraient vivre chez leurs parents ou avec un

1. Cf. le dossier très documenté du *New York Times* du 1er mars 1994, « Workfare, Learnfare, Wedfare ».

adulte responsable[1]. Au Québec, les femmes pauvres reçoivent, depuis 1994, une allocation mensuelle supplémentaire de 37 dollars si elles nourrissent au sein leurs bébés (pour améliorer la santé de ceux-ci) !

Jusqu'où peuvent aller de tels programmes dans le contrôle social ? On ne le sait pas encore, mais on voit bien là qu'un nouvel âge de l'État-providence peut s'ouvrir, renouant avec des politiques assistancielles archaïques. Certains Américains parlent d'ailleurs à ce propos de « nouveau paternalisme » ou de « démocratie de surveillance »[2]. Un des plus chauds partisans de ces politiques reconnaît même franchement que « leurs implications peuvent paraître orwelliennes[3] ». On peut d'ailleurs mentionner que l'ACLU (l'équivalent américain de la Ligue des droits de l'homme) a poursuivi en justice le ministère américain de la Santé et des Services sociaux pour « expériences sur l'homme sans son consentement », en mettant en cause le programme du New Jersey qui suspend les allocations aux parents concevant de nouveaux enfants quand ils sont au *welfare*[4].

D'une façon plus large, nous assistons d'ailleurs aujourd'hui à une transformation globale du rapport entre les individus et les institutions sociales. La justice est, par exemple, traversée par le même mouvement. L'exercice de la justice pénale est ainsi en pleine mutation, sous l'effet du passage progressif de la délinquance-*acte* à la délinquance-*personnalité*[5]. La justice pénale

1. Le projet insiste également sur la responsabilité parentale et envisage de demander aux hôpitaux de déterminer la paternité lors de chaque naissance.
2. Charles Murray, « The Coming of Custodial Democracy », *Commentary*, septembre 1988.
3. Lawrence Mead, *Beyond Entitlement*, *op. cit.*, p. 87.
4. Cf. Dante Ramos, « Rats : Welfare Reform and Human Experimentation », *The New Republic*, 8 août 1994.
5. Je m'appuie, dans ce développement, sur les travaux d'Antoine Garapon, secrétaire général de l'Institut des hautes études judiciaires ; cf. en particulier ses articles « Le sujet de droit », *Revue interdisciplinaire d'études juridiques*, n° 31, 1993, et « Pour une nouvelle intelligence de la peine » (à paraître).

prend aussi une dimension tutélaire. Elle est de plus en plus sollicitée pour se prononcer sur la personne même au-delà de la personnalité juridique. Le juge applique de moins en moins un « tarif », les peines sont plus individualisées. Le juge devient un *thérapeute du lien social* : il gère l'autonomie des individus (procédures de mise sous tutelle), intervient dans leurs liens fondamentaux avec leurs conjoints ou leurs enfants (garde, assistance éducative, mesures d'accompagnement du divorce), gouverne presque leurs affects. Le terme de « réponse sociale » vient même parfois supplanter celui de peine. Antoine Garapon parle de façon très éclairante de *magistratures du sujet* pour désigner ces pratiques[1]. Le juge et le travailleur social rapprochent ainsi leurs métiers. Ils deviennent tous les deux de *nouveaux magistrats du social.*

De telles pratiques ne font-elles que renouer avec des formes anciennes de paternalisme ? Les choses ne sont pas si simples et elles doivent être examinées avec attention. Le vieux et le neuf se mêlent en effet dans l'approche plus individualisée du social qui s'affirme en cette fin de siècle. Cette dualité est perceptible dans l'approche de l'individu comme dans la compréhension des droits.

L'individu a certes été le terrain historique du travail social, entendu au sens traditionnel du terme. Mais c'est l'*individu moral* qui était visé autrefois. Le travail social du XIXe siècle se donnait ainsi avant tout pour objectif de requalifier moralement le pauvre, en l'incitant à une conduite individuelle jugée saine[2]. Les nouvelles politiques sociales visent plutôt l'*indi-*

1. Dans les années 1990, cette magistrature du sujet représentait plus de la moitié de l'activité de la justice en France. Ce que l'on appelle la « délinquance identitaire » (drogue, problèmes familiaux, étrangers en situation irrégulière, etc.) prend une importance croissante par rapport aux actes criminels classiques.

2. Cf., par exemple, Joseph-Marie de Gérando, *Le Visiteur du pauvre*, 3e éd., Paris, 1826.

*vidu social.* C'est l'incidence sociale des comportements individuels qui est visée et non la rectification morale. On raisonne en termes de coût et d'efficacité et non de conversion personnelle. Il faut resituer là les nouvelles politiques sociales dans le cadre plus vaste de l'évolution des sociétés contemporaines. C'est de plus en plus en invoquant des impératifs collectifs que l'on entend maintenant régir le comportement des individus[1]. Le coût social des accidents de la route justifie, par exemple, l'obligation de la ceinture de sécurité. C'est au nom d'une maîtrise des dépenses de sécurité sociale que nous risquons aussi de glisser demain vers une société « hygiéniquement correcte » dans laquelle l'usage du tabac et de l'alcool serait pénalisé[2]. Là aussi, la déchirure du voile d'ignorance fait sentir ses effets. La connaissance accrue des interactions sociales conduit à mieux mesurer le poids de l'action des individus. Le mouvement s'apparente ainsi à celui qui redonne une place centrale à la notion de responsabilité au moment où la société assurancielle se délite. Les nouvelles politiques sociales peuvent renvoyer au passé dans leur dimension de rupture avec la vision des années 1960 et 1970 d'un social coupé des individus. Mais leur moteur est d'une autre nature, même si le vieux et le neuf semblent parfois se superposer.

La tendance à la gestion des comportements dérive également de l'approche plus globalisée de la protection sociale qui s'est imposée dans les années 1980. C'est en effet seulement lorsque les effets de l'individualisme contemporain et de la déstructuration du système familial traditionnel se sont fait massivement sentir que l'on a pris conscience que l'action de l'État-providence devait être resituée dans le cadre de l'ensemble des systèmes protecteurs de l'individu, incluant donc

1. Cf. James Q. Wilson, « The Rediscovery of Character : Private Virtue and Public Policy », *The Public Interest*, automne 1985.

2. Et pourquoi pas ensuite aller jusqu'au contrôle de l'alimentation, puisque la nature de celle-ci est un facteur fondamental de santé ?

les solidarités locales et familiales. La croissance de l'État-providence a été en partie indexée sur les progrès de l'individualisme : moins l'individu peut s'appuyer sur ses proches, plus il doit en effet s'adresser à la puissance protectrice de l'État[1]. L'instabilité croissante de la cellule familiale et la prolifération des familles monoparentales étendent ainsi toujours plus la demande d'État-providence. Comme les ressources de celui-ci sont limitées, la question devient posée de savoir comment recréer les éléments de ces formes de « protection sociale rapprochée[2] » que représentait au premier chef la famille. D'où toutes ces mesures que l'on regroupe aux États-Unis sous le vocable de *Family Preservation.* En agissant sur l'individu, l'État entend jouer là le rôle d'un producteur de sociabilité. Faute de ressources financières suffisantes, on espère trouver une solution « sociologique » à la crise de l'État-providence et on rêve d'une famille cohérente et stable. Ce ne sont pas des valeurs morales (fidélité, piété filiale, etc.) mais des formes sociales que l'État cherche à promouvoir dans ce cas.

## Repenser l'égalité des chances

Une attention plus grande est désormais portée à la compréhension des trajectoires des individus. Au prix du risque de l'avènement d'une nouvelle forme de contrôle social, les insti-

1. On peut rappeler ici les célèbres analyses de Durkheim expliquant que « l'individualisme a marché au même pas que l'étatisme » (cf. notamment la Préface à la 2e éd. de *De la division du travail social*).

2. J'emprunte l'expression à Robert Castel. Cf. son article « De l'indigence à l'exclusion, la désaffiliation », *in* Jacques Donzelot (éd.), *Face à l'exclusion*, *op. cit.* Il ne faut pas oublier que la solidarité nationale est, dans plusieurs cas, considérée comme un simple substitut de la solidarité familiale. La loi prévoit ainsi que les allocations du Fonds national de solidarité (FNS) peuvent être récupérées auprès des débiteurs alimentaires ou auprès des héritiers.

tutions sociales ont évolué. Les nouvelles politiques développées au cours des années 1980 en témoignent. L'approche en termes de populations cibles s'étant révélée inefficace, les pouvoirs publics ont en effet commencé à comprendre qu'il fallait dorénavant penser en termes de politiques horizontales ou transversales (afin de gérer de manière concomitante des difficultés, certes de nature différente, mais qui touchent simultanément une même personne), et en termes de politiques individualisées (afin de traiter la spécificité de chaque cas abordé). Le tournant a été pris au début des années 1990 en matière de chômage de longue durée. Les agents de l'ANPE ont maintenant clairement conscience qu'ils doivent aider un million de personnes différentes à gérer leur situation personnelle. Nous l'avons déjà fortement souligné, l'heure n'est plus aux mesures universelles qui présupposaient l'existence d'un chômeur type auquel pourraient être mécaniquement appliquées des mesures standardisées.

Le traitement plus individualisé du social ne conduit-il pas, au-delà de la question du contrôle social, à un risque d'arbitraire ? Si l'État-providence n'est plus fondé sur des mesures universelles, n'ouvre-t-on pas la porte à de dangereuses inégalités ? L'histoire de l'État-providence est en effet au contraire celle du passage de l'assistance discrétionnaire au droit. Si le mouvement s'est accompli dans la plupart des pays européens dès la fin du XIX<sup>e</sup> siècle, il a été beaucoup plus tardif aux États-Unis où l'État-providence avait une orientation principalement assistancielle. Ce n'est qu'à la fin des années 1960 et au début des années 1970 que les allocations sociales sont vraiment devenues un droit automatique aux États-Unis[1]. Au début des années 1960, certains bureaux d'aide sociale versant l'alloca-

1. Cf. Micnael Sosin, « Legal Rights and Welfare Change, 1960-1980 », *in* Sheldon H. Danziger et Daniel H. Veinberg, *Fighting Poverty, What Works and What Doesn't*, Cambridge (Mass.), Harvard University Press, 1986.

tion AFDC fermaient encore leurs portes dans le sud en été, estimant qu'il y avait assez de travail avec le ramassage du coton pour que chacun puisse subvenir à ses besoins[1] ! La *National Welfare Rights Association* s'est longtemps battue pour que cessent de telles pratiques. Risque-t-on d'y retourner avec une gestion plus individualisée du social ? On ne peut pas faire l'impasse sur cette question.

Tant que les droits sociaux sont appréhendés en termes juridiques traditionnels d'accès automatique et inconditionnel à des allocations, toute individualisation constitue un recul. Le progrès social et le droit seront-ils donc désormais dissociés ? On peut sortir de cette aporie en s'appuyant sur ce que nous avons déjà appelé la notion de *droit procédural*[2]. Au-delà de l'égalité arithmétique, c'est en termes d'*équité de traitement* que raisonne le droit procédural. Bien loin d'écarter la question juridique, source de perplexité, il faut ainsi la traiter de front. La crise de l'État-providence est en effet indissociable d'un certain épuisement de la philosophie libérale classique du droit. Redéfinition des sujets de l'action sociale et redéfinition du droit vont aujourd'hui de pair. Si ce ne sont plus des classes mais des individus en situation qui sont désormais les nouveaux sujets de l'action sociale, cette dernière doit nécessairement proposer des aides différenciées.

Pour être juste, l'État-providence ne peut plus seulement être un distributeur d'allocations et un administrateur de règles uni-

1. Cité par Frances Fox Piven et Richard A. Cloward, *Regulating the Poor : The Functions of Public Welfare*, New York, 1971, qui analysent ces pratiques. Cf. aussi Michael B. Katz, *In the Shadow of the Poorhouse A Social History of Welfare in America*, New York, Basic Book, 1986.

2. Cf. sur ce point toute la discussion autour des analyses d'Habermas. Se reporter, par exemple, à Jacques Lenoble et A. Berten, *Dire la norme. Droit, politique et énonciation*, Paris et Bruxelles, LGDJ et Story Scientia, 1990. On notera que le terme procédural ne s'emploie pas ici dans le sens qu'il revêt chez Rawls.

verselles. Il doit devenir un *État-service*[1]. Le but est en effet de donner à chacun les moyens spécifiques d'infléchir le cours d'une vie, de surmonter une rupture, d'anticiper une panne. Le droit procédural se confond dans cette mesure avec la pratique de la justice.

Dans le modèle du droit procédural, l'équité signifie le droit égal à un traitement équivalent. On voit là que la perspective de droit procédural permet d'enrichir et de réinventer l'idée d'égalité des chances en la comprenant comme une équité des chances. L'équité des chances ne consiste pas seulement à compenser au départ les inégalités de la nature ou les disparités de fortune : elle vise à redonner de façon permanente des moyens de se remettre sur les rails de l'existence ; son objectif est de donner aux individus les moyens de faire face à tous les aléas qui ne sont pas d'ordre classiquement assuranciel (événements familiaux, problèmes personnels, ruptures professionnelles répétées, etc.). En étant plus individualisés, les droits sociaux peuvent ainsi être recompris et élargis. Il redevient possible de repenser positivement en termes de *conquête sociale*, alors que l'approche classique conduit au mieux à une problématique de la « conservation des acquis », quand ce n'est pas au consentement résigné à leur lente érosion.

Le développement d'un droit procédural correspond aussi à un nouvel état des rapports entre l'individu et la société. Le droit subjectif classique, tel qu'il est reformulé par les théoriciens du droit naturel au XVII^e siècle, a eu pour objectif de construire l'individu, de constituer son autonomie. Les droits de l'homme marquent une séparation, ils délimitent une frontière inviolable derrière laquelle l'individu peut s'abriter. Tout en ayant un objet différent, une créance d'ordre économique, les droits sociaux ont été conçus sur le modèle de ce droit sub-

1. J'emprunte l'expression, en la détournant, à François Ivernel (cf. son article dans *Le Monde* du 10 mars 1993).

jectif. C'est une façon d'aborder le droit qui n'est plus adéquate quand son objet devient au fond *la relation sociale elle-même*. Or c'est bien ce qui est en jeu dans le thème de l'insertion. Ce n'est pas une allocation, mais un rapport social qui est l'objet du droit. Dans ce cas, seule la perspective d'un droit procédural permet de penser les choses. Loin de s'écarter du droit, on le réinvente, ouvrant même la voie à une réduction de la distance entre droit formel et droit réel.

La mise en œuvre d'un tel droit social procédural présuppose une condition importante : l'existence de systèmes de recours ou d'appel. Tant que l'on reste dans le cadre des droits sociaux classiques, l'automaticité des prestations peut s'accommoder d'une gestion de type administratif, relativement mécanique. Une gestion plus individualisée du social, qui revient à une forme de *judiciarisation du social*, n'est acceptable que si des modes de garantie s'appliquent au sujet. Celui-ci doit pouvoir contester une décision de façon simple. Sans aller jusqu'à l'institution de juridictions organisées qui induiraient le risque d'un contentieux lourd à gérer, des mécanismes de représentation des « usagers du social », de publicité des principes d'intervention des organismes sociaux ou de recours rapide (avec, par exemple, la présence de médiateurs dans certaines institutions) pourraient être mis en place. C'est aussi à cette condition que l'individualisation du social écartera le risque d'un retour à un paternalisme archaïque.

CONCLUSION

# Repenser le progrès social

L'avenir de l'État-providence n'est pas tracé d'avance. Il se confond pour une large part avec celui de la vie démocratique. L'État-providence revient, d'une certaine manière, à l'origine, au point où la matière du politique s'identifie au processus de mise en forme et d'institution du social. C'est donc à une véritable réinvention que nous sommes conviés. Tout est à reprendre. Il n'y a plus de modèle de référence disponible ou de voie royale du progrès qui s'imposeraient. Mais la reconstruction intellectuelle et morale de l'État-providence ne conduit pas seulement à une réévaluation radicale des termes de la question sociale. Nous sommes également conduits à une redéfinition d'ensemble des valeurs et des méthodes du progrès social.

Redéfinition des valeurs d'abord. Le progrès social a longtemps été identifié de manière simple à la réduction des inégalités économiques. L'égalité reste certes toujours une valeur cardinale, mais elle s'est enrichie et complexifiée. Au programme d'une redistribution entre classes statistiques de revenus s'ajoutent maintenant d'autres objectifs. Il faut adopter une vision plus exigeante de l'égalité, qui fait rentrer en ligne de compte d'autres facteurs de différenciation entre les hommes et les femmes : les données générationnelles, les handicaps de la nature, les trajectoires personnelles. Ce passage à une forme complexe de l'égalité s'accompagne d'une approche élargie de l'équité. Une pratique argumentée et publiquement discutée de la justice doit se substituer à une vision étroitement juridique de l'égalité de droits ou à une conception purement mécanique de la redistribution.

Les méthodes du changement social se trouvent, elles aussi, interrogées en profondeur. L'État-providence classique a toujours procédé par des mesures globales. Le progrès social était spontanément identifié à de grandes avancées collectives. L'État-providence s'est historiquement inscrit dans la perspective d'un réformisme fondé sur la dépense, dans son objet, et sur la mise en œuvre de mesures universelles, dans sa procédure. Cette appréhension du progrès n'est plus suffisante aujourd'hui. On ne peut plus concevoir l'universalité sous les seules espèces de la règle générale et de l'allocation uniforme. Il arrive toujours un moment où la règle devient inopérante, où il faut choisir de fait entre des hommes, prendre en compte des comportements et des situations. La dette sociale ne s'exprime pas uniquement à travers des transferts organisés et des procédures standardisées. Elle prend aussi nécessairement la forme d'un devoir individuel face à des personnes particulières. Nous comprenons peut-être mieux aujourd'hui que l'État ne peut pas tout et qu'il faut restaurer une plus grande continuité entre l'action individuelle et l'action collective. Il s'agit aussi aujourd'hui de s'appuyer sur ce que j'appellerai un *réformisme de l'individu*, réformisme adapté à la pluralité des situations dans lesquelles se trouvent les acteurs, visant à les doter de moyens adéquats d'action et de défense.

L'opposition classique entre l'individuel et le collectif n'est plus opératoire. On ne peut plus séparer réforme des mentalités et réforme des structures, morale individuelle et impératif politique. On doit maintenant bien prendre conscience du fait que l'obligation morale de la solidarité implique d'en redéfinir les termes. Il n'est plus possible de parler abstraitement de droits sociaux. Il faudra aussi, de plus en plus, expérimenter des façons inédites de lier les droits avec des contreparties positives. Ce n'est qu'à ce prix que les droits des exclus pourront devenir plus réels.

La redéfinition du progrès social qui est appelée par la fondation d'un nouvel État actif-providence conduit, pour ces raisons, à poser la question d'une nouvelle culture politique. Un nouvel âge du politique doit correspondre au nouvel âge du social. C'est seulement du sein d'une vision approfondie de la démocratie et d'une redéfinition lucide de l'idée réformiste que peut prendre naissance une pratique elle-même renouvelée de la solidarité. L'enjeu de ce travail est particulièrement important pour la gauche. L'avenir de celle-ci est désormais indissociable de la formulation d'une nouvelle pensée du social. L'ébranlement de l'univers socialiste dérive en effet presque directement de la crise philosophique de l'État-providence. La reconstruction politique est pour cette raison plus que jamais inséparable d'une reconstruction intellectuelle.

# Du même auteur

AUX MÊMES ÉDITIONS

L'Âge de l'autogestion
*« Points Politique » n° 80, 1976*

Pour une nouvelle culture politique
*(en collab. avec Patrick Viveret)*
*1977*

Le Capitalisme utopique
Histoire de l'idée de marché
*1979*
*et « Points Politique » n° 134, nouvelle édition, 1989*
*et « Points Essais » n° 385, 1999*

La Crise de l'État-providence
*1981*
*« Points Politique » n° 121, 1984*
*et « Points Essais » n° 243, 1992*

Misère de l'économie
*1983*

L'État et les pouvoirs
*(en collab. avec Jacques Le Goff* et al.*)*
*« L'Univers historique », 1989*

L'État en France
De 1789 à nos jours
*1990*
*et « Points Histoire » n° 172, 1993*

La Pensée politique
*(dir. en collab. avec Marcel Gauchet et Pierre Manent)*
*Seuil / Gallimard, « Hautes études », 3 vol., 1993-1995*

Le Nouvel Âge des inégalités
*(en collab. avec Jean-Paul Fitoussi)*
*1996*
*et « Points Essais » n° 376, 1998*

Pour une histoire conceptuelle du politique
*2003*

Le Modèle politique français
La société civile contre le jacobinisme de 1789 à nos jours
*2004*
*et « Points Histoire » n° 354, 2006*

La Contre-Démocratie
La politique à l'âge de la défiance
*2006*
*et « Points Essais » n° 598, 2008, 2014*

La Légitimité démocratique
Impartialité, réflexivité, proximité
*2009*
*et « Points Essais » n° 641, 2010*

La Société des égaux
*2011*
*et « Points Essais » n° 707, 2013*

Refaire société
*(dir.)*
*Seuil / La République des Idées, 2011*

Le Parlement des invisibles
*Seuil/Raconter la vie, 2014*

CHEZ D'AUTRES ÉDITEURS

Le Moment Guizot
*Gallimard, 1985*

Histoire de la civilisation en Europe (1828)
*suivi de*
Philosophie politique : De la Souveraineté (1823)
*de François Guizot*
*(édition)*
*Hachette, « Pluriel », 1985*

La Question syndicale
Histoire et avenir d'une forme sociale
*Calmann-Lévy, 1988*
*Hachette, « Pluriel », nouvelle édition, 1990, 1998*

La République du centre
La fin de l'exception française
*(en collab. avec François Furet et Jacques Julliard)*
*Calmann-Lévy, 1988*
*Hachette, « Pluriel », nouvelle édition, 1989*

Le Sacre du citoyen
Histoire du suffrage universel en France
*Gallimard, 1992*
*et « Folio histoire », 2001*

La Monarchie impossible
Histoire des Chartes de 1814 et 1830
*Fayard, 1994*

Le Peuple introuvable
Histoire de la représentation démocratique en France
*Gallimard, 1998*
*et « Folio histoire », 2002*

France : les révolutions invisibles
*(en collab. avec Daniel Cohen* et al.*)*
*Calmann-Lévy, 1998*

La Démocratie inachevée
Histoire de la souveraineté du peuple en France
*Gallimard, 2000*
*et « Folio histoire », 2003*

Science et démocratie
Actes du colloque au Collège de France
les 17 et 18 octobre 2013
*(dir.)*
*Odile Jacob, 2014*

IMPRESSION : NORMANDIE ROTO IMPRESSION S.A.S. À LONRAI
DÉPÔT LÉGAL : SEPTEMBRE 2015. N° 128080 (1502434)
IMPRIMÉ EN FRANCE

# Éditions Points



# Collection Points Essais

DERNIERS TITRES PARUS

650. Une société à la dérive, *par Cornelius Castoriadis*
651. Philosophes dans la tourmente, *par Élisabeth Roudinesco*
652. Où est passé l'avenir ?, *par Marc Augé*
653. L'Autre Société, *par Jacques Généreux*
654. Petit Traité d'histoire des religions, *par Frédéric Lenoir*
655. La Profondeur des sexes, *par Fabrice Hadjadj*
656. Les Sources de la honte, *par Vincent de Gaulejac*
657. L'Avenir d'une illusion, *par Sigmund Freud*
658. Un souvenir d'enfance de Léonard de Vinci
*par Sigmund Freud*
659. Comprendre la géopolitique, *par Frédéric Encel*
660. Philosophie arabe
*textes choisis et présentés par Pauline Koetschet*
661. Nouvelles Mythologies, *sous la direction de Jérôme Garcin*
662. L'Écran global, *par Gilles Lipovetsky et Jean Serroy*
663. De l'universel, *par François Jullien*
664. L'Âme insurgée, *par Armel Guerne*
665. La Raison dans l'histoire, *par Friedrich Hegel*
666. Hegel, *textes choisis et présentés par Olivier Tinland*
667. La Grande Conversion numérique, *par Milad Doueihi*
668. La Grande Régression, *par Jacques Généreux*
669. Faut-il pendre les architectes ?, *par Philippe Trétiack*
670. Pour sauver la planète, sortez du capitalisme
*par Hervé Kempf*
671. Mon chemin, *par Edgar Morin*
672. Bardadrac, *par Gérard Genette*
673. Sur le rêve, *par Sigmund Freud*

674. Claude Lévi-Strauss et l'anthropologie structurale
*par Marcel Hénaff*
675. L'Expérience totalitaire. La signature humaine 1
*par Tzvetan Todorov*
676. Manuel de survie des dîners en ville
*par Sven Ortoli et Michel Eltchaninoff*
677. Casanova, l'homme qui aimait vraiment les femmes
*par Lydia Flem*
678. Journal de deuil, *par Roland Barthes*
679. La Sainte Ignorance, *par Olivier Roy*
680. La Construction de soi
*par Alexandre Jollien*
681. Tableaux de famille, *par Bernard Lahire*
682. Tibet, une autre modernité
*par Jean-Pierre Barou et Sylvie Crossman*
683. D'après Foucault
*par Philippe Artières et Mathieu Potte-Bonneville*
684. Vivre seuls ensemble. La signature humaine 2
*par Tzvetan Todorov*
685. L'Homme Moïse et la Religion monothéiste
*par Sigmund Freud*
686. Trois Essais sur la théorie de la sexualité
*par Sigmund Freud*
687. Pourquoi le christianisme fait scandale, *par Jean-Pierre Denis*
688. Dictionnaire des mots français d'origine arabe
*par Salah Guemriche*
689. Oublier le temps, *par Peter Brook*
690. Art et figures de la réussite, *par Baltasar Gracián*
691. Des genres et des œuvres, *par Gérard Genette*
692. Figures de l'immanence, *par François Jullien*
693. Risquer la liberté, *par Fabrice Midal*
694. Le Pouvoir des commencements
*par Myrian Revault d'Allonnes*
695. Le Monde moderne et la Condition juive, *par Edgar Morin*
696. Purifier et détruire, *par Jacques Semelin*
697. De l'éducation, *par Jean Jaurès*
698. Musicophilia, *par Oliver Sacks*
699. Cinq Conférences sur la psychanalyse, *par Sigmund Freud*
700. L'oligarchie ça suffit, vive la démocratie, *par Hervé Kempf*
701. Le Silence des bêtes, *par Elisabeth de Fontenay*
702. Injustices, *par François Dubet*
703. Le Déni des cultures, *par Hugues Lagrange*

704. Le Rabbin et le Cardinal
*par Gilles Bernheim et Philippe Barbarin*
705. Le Métier d'homme, *par Alexandre Jollien*
706. Le Conflit des interprétations, *par Paul Ricœur*
707. La Société des égaux, *par Pierre Rosanvallon*
708. Après la crise, *par Alain Touraine*
709. Zeugma, *par Marc-Alain Ouaknin*
710. L'Orientalisme, *par Edward W. Said*
711. Un sage est sans idée, *par François Jullien*
712. Fragments de vie, *par Germaine Tillion*
713. Le Délire et les Rêves dans la Gradiva de W. Jensen
*par Sigmund Freud*
714. La Montée des incertitudes, *par Robert Castel*
715. L'Art d'être heureux, *par Arthur Schopenhauer*
716. Une histoire de l'anthropologie, *par Robert Deliège*
717. L'Interprétation du rêve, *par Sigmund Freud*
718. D'un retournement l'autre, *par Frédéric Lordon*
719. Lost in management, *par François Dupuy*
720. 33 Newport Street, *par Richard Hoggart*
721. La Traversée des catastrophes, *par Pierre Zaoui*
722. Petit dictionnaire de droit constitutionnel
*par Guy Carcassonne*
723. La Tranquillité de l'âme, *par Sénèque*
724. Comprendre le débat européen, *par Michel Dévoluy*
725. Un monde de fous, *par Patrick Coupechoux*
726. Comment réussir à échouer, *par Paul Watzlawick*
727. L'Œil de l'esprit, *par Oliver Sacks*
728. Des yeux pour guérir, *par Francine Shapiro*
*et Margot Silk Forrest*
729. Simone Weil, le courage de l'impossible
*par Christiane Rancé*
730. Le Philosophe nu, *par Alexandre Jollien*
731. Le Paradis à la porte, *par Fabrice Hadjadj*
732. Emmanuel Mounier, *par Jean-Marie Domenach*
733. L'Expérience concentrationnaire, *par Michael Pollak*
734. Agir dans un monde incertain, *par Michel Callon,*
*Pierre Lascoumes, Yannick Barthe*
735. Le Travail créateur, *par Pierre-Michel Menger*
736. Comment survivre à sa propre famille, *par Mony Elkaïm*
737. Repenser la pauvreté, *par Abhijit V. Banerjee et Esther Duflo*
738. Faites vous-même votre malheur, *par Paul Watzlawick*
739. Au-delà du principe de plaisir, *par Sigmund Freud*

740. Psychologie de masse et analyse du Moi, *par Sigmund Freud*
741. Lacan, envers et contre tout, *par Élisabeth Roudinesco*
742. Les Structures sociales de l'économie, *par Pierre Bourdieu*
743. La Double Absence, *par Abdelmalek Sayad*
744. Pourquoi l'amour fait mal, *par Eva Illouz*
745. Fin de l'Occident, naissance du monde, *par Hervé Kempf*
746. Vers un nouvel ordre du monde
*par Gérard Chaliand, Michel Jan*
747. Les Mots de l'histoire, *par Jacques Rancière*
748. À la recherche de l'école de Palo Alto
*par Jean-Jacques Wittezaele, Teresa García-Rivera*
749. L'Art de l'insulte, *par Arthur Schopenhauer*
750. Mythe et religion en Grèce ancienne
*par Jean-Pierre Vernant*
751. L'Art ou la Vie !, *par Tzvetan Todorov*
752. Sur l'État, *par Pierre Bourdieu*
753. La Force de l'ordre, *par Didier Fassin*
754. Tolstoï, *par Christiane Rancé*
755. Petit traité de l'abandon, *par Alexandre Jollien*
756. Nourrir sa vie à l'écart du bonheur, *par François Jullien*
757. Stratégie de la thérapie brève
*par Paul Watzlawick, Giorgio Nardone*
758. La Dictature, *par Carl Schmitt*
759. Petite Métaphysique des tsunamis, *par Jean-Pierre Dupuy*
760. Penser/Classer, *par Georges Perec*
761 Les Sept Savoirs nécessaires à l'éducation du futur
*par Edgar Morin*
762 La Fin des sociétés, *par Alain Touraine*
763 L'Échec de l'islam politique, *par Olivier Roy*
764 Mozart, *par Norbert Elias*
765 La Guerre civile, *par Giorgio Agamben*
766 Cioran, *par Stéphane Barsacq*
767 Les Banlieues de l'islam, *par Gilles Kepel*
768 Sortir de la malédiction, *par Abdelwahab Meddeb*
769. Les animaux aussi ont des droits, *par Boris Cyrulnik, Elisabeth de Fontenay, Peter Singer*
770. Le Savant et le Populaire, *par Claude Grignon, Jean-Claude Passeron*
771. Comment Woody Allen peut changer votre vie
*par Eric Vartzbed*
772. La Musique et l'Ineffable, *par Vladimir Jankélévitch*
772. Les Termes clés de l'analyse du théâtre, *par Anne Ubersfeld*